ディズニー
そうじの神様が
教えてくれたこと

Disney;
The Important Things That
the Cleaning Guru Taught Me

鎌田 洋
Kamata Hiroshi

はじめに

運命のパスポート

私には、今でも目を閉じると浮かんでくる、忘れられない光景があります。

28年前の冬の日のことです。寒風吹きすさぶ、浦安の東京ディズニーランド建設現場にあった仮設事務所。ディズニーの一員になったばかりの私は、少しずつ空気が漏れていく浮き輪のような心もとなさを抱えながら、立ち尽くしていました。

「あこがれ続けた、あのディズニーで仕事ができる――」

5回目の挑戦でやっと採用された、その喜びが「夜の清掃部隊（ナイトカストーディアル）のトレーナー兼スーパーバイザー」への配属という現実の前に萎《しぼ》んでいくのを感じていたのです。それは、一緒に配属になった仲間たちも同じでした。

私たちに渡されたのは、歓声に包まれた昼間の華やかな夢の世界へのパスポートではなく、ゲストはもちろんミッキーもミニーもいない沈黙の世界へのパスポート。静まり返った深夜のパークを、黙々と掃除して回る。そう考えると、どうしても心から喜べない、清掃という仕事への抵抗感があったのです。加えて、それまでの私のキャリアは清掃の世界とはまったく縁がない、ど素人。仲間の中には、昼夜逆転の生活への不安を感じる人もいました。

これは、何かを試されているのだろうか……。

誰もが消化しきれない気持ちで、とまどっていました。

そこに現れたのが、本家アメリカのディズニーからやってきた初老の『そうじの神様』でした。数日後、彼は、私たちを仮設事務所のトイレに集合させました。遠巻きに彼を見つめる私たち。なにしろ、その場所は、誰もが足早に通り過ぎたくなるほど泥や汚れにまみれたトイレだったのです。

彼は、おもむろにゴム手袋をはめると、その魔境ともいえるトイレに向かっていきました。誰もが後ずさりして、顔を見合わせます。と、次の瞬間、彼はまるで我が子を抱きかかえるように便器を勢いよく磨き始めたのです。聞こえてくるのは、彼の息づかいとタワシがリズミカルに擦れあう音。長い年月をかけて生成された岩石のように、頑なに汚れがこびりついた床の側溝、変色した便器の縁。それが、彼の手によって、命を与えられたかのように輝きを取り戻していきます。

「これは、なんだ!?」と、私は思いました。自分が見ているのは、今まで思っていたようなそうじとは違う。なにか、別の次元のものを見ているようでした。彼のそうじに目が釘付けになり、彼と同じように自分も手を動かしたくて仕方ない。そんな気持ちにさせられたのです。仲間の社員も、気が付けば身を乗り出さんばかりになっていました。

そして、すっかり、すべてのトイレがまばゆい輝きを取り戻したとき、彼は私たちに振り向き、初めてにっこりと微笑みました。その笑顔の向こう側で、あのディズニー創始者ウォルト・ディズニーも一緒に微笑んでいるように見えました。

そのとき感じた、なんともいえない爽快な気持ち。彼の清掃は、トイレの汚れだけではなく、私たちが持っていた、清掃という仕事に対する抵抗感や劣等感のようなものまで洗い流してくれたのです。

沈み込んでいた私たちのために、ファンタジーとも思えるそうじを見せてくれた人物の名前は、チャック・ボヤージン（Chuck Boyajian）。彼こそ、あのウォルトがこよなく信頼を寄せ、ディズニーの世界で『そうじの神様』と称えられた人物でした。

そのときは、まだ、彼が私の師となり、私の人生に大きな影響を与える、かけがえのない存在になるとは思ってもみません。しかし、私は、またしてもその瞬間から、彼によってディズニーの新たな魔法のとりこになってしまったのです。それも、一生消えないような魔法に。

私が最初にディズニーの魔法にかかったのは、生まれて初めての海外旅行で訪れたカリフォルニア、アナハイムのディズニーランドでした。「誰もが心ひとつになれる

場所」「誰の心にもある子どもの心に出会える本物の場所」。そんな場所は、世界中探しても、ここにしかない。いつしか私は、その世界に自分も関わることを夢見ていました。そして、運命とも思える東京ディズニーランド進出の話に、仕事も何もかもなげうって無謀にも飛び乗ろうとしたのです。

それからの私を待っていたのは、これもまた信じられないようなことの連続。あまりにも強烈すぎて、それが夢だったのか現実だったのか、ときどき分からなくなることさえあります。本書は、そんな私が青春のすべてをかけたディズニーランドで体験したさまざまなエピソードを元にした「物語」です。

この本に出てくる私が直接教えを受け、ディズニーの世界で『そうじの神様』と称えられた、チャック・ボヤージン氏も実在した人物ですが、彼の言葉やエピソードの一部には「彼が無言で教えてくれたこと」等も付け加え、興趣を盛り上げる工夫をしています。いうなれば、この物語は、現実と夢が織りなすファンタジーノベルでもあります。

いわゆる、すぐに役に立つ「ディズニー本」とは、少々趣きが異なるかもしれません。なぜなら、この本では、みなさん自身が4つの物語の中に秘められたキャストたちの人間ドラマを通して、「ディズニーランドで働く人たちが放つ本物の輝き」を見つけ出してほしいからです。そう、パークの中で、あの「隠れミッキー」を探すときのように……。

騙されたと思って読んでみてください。私が、一生消えない魔法を授けられたように、一生大切にしたくなるような、ディズニーのそうじの世界に秘められた「仕事で人を幸せにするヒント」が見つかるかもしれません。

仕事や職場での人間関係が大変、今の仕事が自分の本当にやりたいことなのかどうか分からない……。そんな人にも、モヤモヤした気持ちをキレイにするきっかけになればと思います。

1983年1月4日、深夜0時。ナイトカストーディアルとしての勤務初日。この日から、私にとっての「夢と冒険の世界」が幕を開けました。配属当初、何かを試されているように感じた、深夜のパークのそうじという仕事を通して、そうじの神様から教わったことは、その後の私の人生の宝物となりました。

今度は、その宝物である「仕事が夢と感動であふれる教え」を、私がみなさんにお届けする番です。

これから始まる物語は、そのためのプロローグ。ぜひ、気楽に読んでみてください。それでは、ディズニーの不思議なそうじの世界へ！

鎌田　洋

２０１１年９月

目次

第1話 夢の国の落とし物

それは、絵に描いたような三日月が、空に浮かぶ夜だった。
ディズニーランドが開園されてから、3年ほど経った年の大晦日、ある清掃員の人生観を変える出来事が、夢のパーク内で起こった。

1986年、12月10日
その日、幹部からナイトカストーディアル（閉園後の深夜の清掃員）に対し、一つの指令が出された。
「大晦日《おおみそか》の終日営業（オールナイト）を決行するにあたり、ナイトカストーディアルにお願いがあります。大晦日の来場客数は、10万人を超えるかもしれません。そのため、当日はナイトカストーディアルも、デイタイム（営業中の清掃）を手伝ってください」

ディズニーランドが開園され、初の大晦日の終日営業を迎えるにあたり、万全な対応策が下されたのだ。

清掃にこだわりを持つディズニーランドゆえ、1日限りのアルバイトを雇うより、熟知したキャスト（従業員）を配置することが、万全だと判断したのだろう。

その頃、夜間のスーパーバイザー（管理者）をしていた僕は、さっそくそのことをナイトカストーディアルたちに伝えた。

すると、一人の男性が、大晦日のデイタイムはどうしても勘弁してほしいと言う。

そのキャストは、皆川という40代後半のワーキングリード（班長）であり、まじめが取り柄の男と言える。

他のキャストがシフトを変えてほしいと申し出た時など、自ら買って出るような人柄にもかかわらず、なぜ彼は大晦日のデイタイムを断ると言うのだろう。

申し送りを終え、僕は皆川に聞いてみた。

「皆川さん、できれば大晦日のデイタイムをお願いできませんか？」

「いや、それは……本当にすみません」

「正直、皆川さんに断られると、人数的に厳しいんですよ」

僕は、腰の低い皆川に対し、いつもに増して丁重にお願いしてみた。

すると、彼は意外な本心を語った。

「実は、お恥ずかしい話なのですが、大晦日は娘が彼氏と一緒にここに遊びに来るとかなんとか言ってまして……」

「娘さんは確か、『幸子』さんでしたね？　彼氏がいるなんてすごいじゃないですか。でも、娘さんが来ることと、デイタイムの清掃に出られないことと、関係あるんです

か？」

「はい。それは……僕が娘に嘘をついているからです」

「嘘？」

「ええ、清掃の実務をしていることを、娘には言ってないんです。娘には、金田さんのお立場である『スーパーバイザー』をしていると言ってあるものですから」

「なぜまたそんな嘘を？」

「若いうちならまだしも、この年で清掃の仕事をしているというのは、ちょっと恥ずかしいと言うか……。娘に恥をかかせないためにも、職場が変わったことを機に、つい嘘をついてしまったんです」


僕は、皆川の話を聞いて、少々がっかりした。

いたって仕事熱心な男が、このようなことを考えていたとは……。

他のキャストが嫌がる仕事でも、皆川は文句一つ言わず淡々とこなしていた。それなのに、胸の内では自分の仕事を恥ずかしいと思っていたのだ。

とはいえ、彼の言い分もわからなくはない。

清掃の仕事というのは、お世辞にも派手とは言えない。ましてや、夜間となればなおさらだ。しかし、家族に嘘をついてまで職種をごまかすのは、決していいことではない。

いったい、皆川はどうしたら自信を持ってくれるのだろうか。

大晦日のデイタイムをやりたくない理由はわかったものの、それを認めることはできない。

僕は、心を鬼にして、彼にデイタイムの清掃を強く指示した。

――1週間前――

私の父は、長年清掃業を務めていた。

いや、正確には今も務めている。

まじめ人間と言っても過言ではない父は、ビルや学校など、さまざまな現場へ派遣されるたび、小さな賞状を貰《もら》って帰ってきた。

幼かった私は、その賞状を友達に見せては自慢し、父の仕事を誇りに感じていた。

しかし、そんなまじめな父が、最近私に嘘をついている。

今年の春、父の勤務先がディズニーランドになったと聞いた。

堅物な父にとって、華やかなディズニーランドは不向きではないかと、私は心配になり、父に聞いてみた。

すると父は、「大丈夫。人がにぎわう昼間ではなく、お父さんは夜間のスーパーバイザーになったから」と言った。

私は「スーパーバイザーって何？」と聞くと、「皆を管理する立場さ。そうじの実務の仕事は、もう卒業したんだ」と誇らしげに語っていた。

私は、父の仕事が何であれ、誰よりも真面目に取り組む姿勢を尊敬していた。でも、父が認められることは、この上なく嬉しい。

しかし、それが事実であれば。

そして父は、私に嘘をついていた。

ディズニーランドでスーパーバイザーをしているというのは、真っ赤な嘘だったのだ。

それが判明したのは、初秋にしては肌寒い夜だった。

製菓会社に勤めている私は、工場に送られてくる商品を確認するため、月に何度か帰宅が深夜となる。そして、その日も同じ部署の社員たちと、深夜まで確認作業をしていた。すると、ある女性社員から驚くべきことを耳にしたのだ。

「ねぇ、皆川さん。皆川さんのお父様ってディズニーランドにお勤めじゃない？」

「ええ、私の父はディズニーに勤めてますが……どうしてそれを？」

「私のいとこがね、お父様と同じナイトカストーディアルをしているの」

「ナイトカストーディアル？」

「ええ、深夜の清掃員よ。皆川さんのお父様と一緒にお弁当を食べた際、家族の話になったらしくてね、その時、娘さんがこの会社に勤めてるということを聞いて、いとこが私の知り合いじゃないかって聞いてきたの」

「そうだったんですか。でも、うちの父はスーパーバイザーとかいう管理者だそうで、たぶん人違いかと……」

「私もそうかなと思ったんだけど、夜のキャストで皆川という名前は、一人しかいないそうよ」

私は、どちらを信じたらいいのかわからなくなった。

まじめな父が嘘をついているとは思えない。しかし、その女性も信頼できる社員の一人である。私より3つ年上なのだが、おごるような態度は一切見せたことがないし、何より入社したての私に、仕事を手取り足取り教えてくれた誠実な先輩なのだ。

私は、モヤモヤした気持ちを抱えたまま最終電車に乗り、家路についた。

父の勤務時間は、閉館後、深夜0時から朝8時のため、働いている姿を確認することはできない。もし、父が私を騙しているとしたら、いったい何のため？

家に着くと、門灯以外の電気は消されており、既に母は就寝した様子だった。夜勤の父も、とうに家を出ている。

私は、母が用意しておいてくれた夜食を済ませ、自分の部屋へ行った。

スーツを来たままベッドに横たわり、父のことについてもう一度考えた。

よく考えると、本当はどちらでもいい。父の仕事が管理者だろうと、清掃の仕事だろうと……。ただ、嘘をつかれているというところが気にかかる。

私は一人娘だからかもしれないが、幼い頃は父にとても可愛がってもらい、いろんな所にも連れていってもらった。こっそりと職場へ連れていってくれたこともあり、幼かった私はピカピカになった磨きたての床で、スケートの真似をしたりした。

しかし、私が大人になるにつれて、会話する機会も減り、向き合ってご飯を食べることも少なくなった。

でも、信頼している気持ちは、変わっていない。言葉はぶっきらぼうだけど、まじめで優しい父を尊敬する気持ちも、変わらない。それなのに、父はなぜ私を騙しているのだろうか？　裏切られたような、複雑な気持ちを感じたまま、私は眠りについた。

翌日、仕事が休みだった私は、昼過ぎまで寝てしまった。スーツのまま寝ていたため、部屋着に着替え、リビングへ行った。

すると、父も休みだったらしく、ソファーでゆったりと新聞を読んでいる。

私は、冷たい麦茶をコップに注いで一気に飲むと、父と向き合う側のソファーに腰かけ、探るように話しかけた。


「お父さん、おはよう」

「ああ、おはよう幸子。ずいぶんぐっすり寝てたんだな」

「うん。ちょっと疲れててね。ねぇ、お父さん、深夜のディズニーランドって、どんな感じ？」

「そりゃあ楽しいよ。入っちゃいけない所を冒険してるみたいな感覚かな」

「そうなんだ。でも、前にやってたそうじの仕事は、行き交う人と会話できて楽しいって言ってたよね。今はそういう触れ合いがなくて、少し寂しいんじゃない？」

私は、少々わざとらしかったかな……と、父の顔色をうかがいつつ、返事を待った。

すると、父は読んでいた新聞を二つにたたみ、机の上に置いた。

そして少年のような表情で「いや、それがね」と、とても楽しそうに仕事の話を始めたのだ。

ディズニーランドでは、従業員のことを「キャスト」と呼び、お客様のことを「ゲスト」と呼ぶことや、制服のことを「コスチューム」と言ったり、すべて舞台用語で統一されているということを教えてくれた。私は、引き込まれるように、父の話を聞いた。

やっぱり、父が嘘をつくはずなどない。

笑顔で語る父を見ているうち、私はそう思えてきた。

そして、一番興味深かったのは、夜間勤務の人たちが、あるノートを通じてゲストの声を聞くことができるという話だった。

そのノートとは、ウエスタンランドにある3階建ての蒸気船「マークトウェイン号」の一番上の操舵室《そうだしつ》にある、ゲスト用のノートだという。ゲストは、そこに思ったことや感じたことを、書き記すそうな。

私は、その蒸気船に置いてあるノートを、見てみたくなった。

「じゃあ、大晦日に私もマークトウェイン号行ってみるね」

「大晦日？」

「うん。大晦日にね、私ディズニーランドに行くの」

「そうかい、楽しんでおいで。それで、誰と行くんだい？」

私は、しまった……と思った。

大晦日、ディズニーランドへ一緒に行くのは、2年前から付き合っている彼なのだ。

しかし、父にはまだ彼のことを話していない。入社して半年が過ぎた頃、彼から「結婚を前提に付き合ってほしい」と言われ、私は二つ返事で承諾した。入社した頃から、私も密かに想いを寄せていたため、彼からの告白は本当に嬉しかった。

その喜びを一人でとどめておくことができず、帰宅後母に報告した。すると母は、「よかったわね。その人のこと大切にするのよ」と共に喜んでくれた。

しかし、父にはなんとなく言いづらく、母に、「お父さんには黙っててほしい」とお願いしていた。

そのまま2年が過ぎていたものの、先日、彼にそろそろ家族を紹介してほしいと言われたのだ。

いっそ、この機会に話してみようか。もしかしたら、勢いで会ってくれると言うかもしれない。それに、そもそも父に反対される理由などない。彼は誠実な人だし、会えばきっと気にいるだろう。

私は、思い切って彼のことを父に話すことにした。

「実はね……私、お付き合いしてる人がいるの。大晦日は、その人と一緒に行くことになってるんだ」

「……！」

「同じ会社の人なんだけど、結婚を前提に付き合ってほしいって言われて……。でね、彼がお父さんとお母さんにご挨拶したいって言ってるんだけど、会ってもらえないかな。年内はやっぱり忙しい？」

「いや、お父さんは……いい」

「え？」

「お父さんは、会わなくていいよ」

「どうして？　私がどんな人と付き合ってるか気にならないの？」

「いや、そうじゃないけど、お父さんはとにかく会わない」

そう言うと、父はすっと立ち上がり、寝室へ行ってしまった。

私は、再び父が何を考えているのかわからなくなった。

＊

1986年、12月17日

1週間前、ひと回り年下のスーパーバイザーの金田に、大晦日はデイタイムを務めるよう命じられた。

業務命令と言われたら、逆らうわけにはいかない。年下とはいえ、立場的に上司である以上、逆らえないのが現実だ。

こんな時、僕が本当にスーパーバイザーだったら……と、何度思ったことか。

そうすれば、もっとやりがいを感じることだってできるのに。

それより、今は幸子についてしまった嘘を、どうごまかすか……ということだ。

よりにもよって、大晦日に来るとは、なんて運が悪いんだろう。

あの日、幸子がやけに話しかけてきたのは、初めから彼氏のことを切り出すつもりだったからだろうか。

僕の話を親身に聞いてくれているかと思いきや、それはきっと、単にきっかけ作りだったのだ。そう思うと、なんだか悲しくなってくる。娘を持つ父親は、誰もが感じたことのある感情なのだろうけど。

とはいえ、幸子が男と交際していることに、反対するつもりはない。

もう親がどうこう口を出す年でもないし、何より、そういう相手がいるということを、僕は知っていた。

数カ月前、幸子が母親とそれらしい話をしているのを、偶然聞いてしまったのだ。

しかし、それについて僕に話してくる気配は一向になかった。

幸子は、付き合っている人がいることを、なぜ僕に隠していたのだろう。

「お父さん　お父さん」と、何でも話してくれた時代は、もう戻ってこないのだろうか。あの子が社会人となった今、学校の月謝を払ってやることもなければ、服を買ってやることもない。父親としての役割は、もう果たし終わってしまったのだろうか。

それにしても、もしパーク内で幸子たちにバッタリ会ってしまったら……。

「そうじの仕事は卒業した」と、胸を張ってしまった手前、今更どんな顔をして「実は嘘だった」と言えばいいのだ。

ましてや、ほうきとチリトリを持った姿で、幸子の相手に「はじめまして。娘をよろしくお願いします」と挨拶を交わすなんて、想像しただけでも自分が嫌になる。

僕は、コスチュームに着替えながら、自問自答していた。

すると、スーパーバイザーの金田が近寄ってきた。


「皆川さん、大晦日のことですけど……」


同情でも何でもいい。とにかくデイタイムの業務を勘弁してもらえないだろうか。

僕は、かすかな望みをかけ、金田の話を聞いた。

「当日の担当エリアについてですが、いつも通りウエスタンランド付近でお願いしますね」

「え、ええ。あの……できれば、担当エリアをパークの外にしてもらえませんか?」

「パークの外ですか?」

「はい……」

「それはちょっと難しいですよ。娘さんに見つかりたくないお気持ちはわかりますが、初めてのデイタイムで、ゲストの対応もありますし、できるだけ慣れたエリアを担当されるほうがいいと思いますよ」

そう言うと、金田は申し送りを始めた。

幸子がまだ小さかった頃は、この仕事に対して誇りを持っていた。自分が働くことで、家族を養っているんだ……と。

それだけじゃない。綺麗にした床を、カツンカツンと音を立てて歩く人々を見ることが、快感にすら感じた。しかし、娘の成長と共に、その誇りがなんだか小さなことに感じてきた。仕事なんて、父親なんて、こんなものだ……と。

何をもがいても、嘘をついてしまったという事実は、変えられない。

いっそ、「またそうじになっちゃったよ」と、軽く話してみようか。案外、何てことのない返事によって、すべてが丸く収まるかもしれない。いや、それよりも大晦日当日、幸子たちに見つからないよう、どうにか乗り切ればいい。この広いディズニーランドで、ばったり鉢合わせしてしまうほうが奇跡だろう。

＊

１９８６年、12月23日

あれから3週間が経ち、私は仕事の忙しさに追われ、父が嘘をついているかどうかなど、忘れつつあった。

それよりも、彼との交際を勢いで伝えてしまったことを、私はずっと後悔している。

どうしたら、父は彼に会ってくれるのか、それとも、そもそも会う気がないのか、私は帰りの電車の中でいろいろと考えた。

今度は勢いじゃなく、ちゃんと時間を作って父にお願いしようと思うものの、なかなかタイミングが掴めない。

彼には、「もう少し時間がかかりそう」ということと同時に、父が仕事を偽っているかもしれないことを話した。すると、「どんな職種だろうと、さっちゃんのお父さんに変わりはないよ。わざわざ確認するようなことは、しなくてもいいんじゃないかな」と、穏やかに答えてくれた。

彼の言葉に救われたものの、やはりモヤモヤとした気持ちは晴れない。

そうこう考えながら、私は家路についた。

玄関の前まで行くと、ドアが開き、お弁当を持った母が出てきた。

「ただいま、お母さん」

「あら、おかえり、さっちゃん」

「それ、お父さんのお弁当？」

「そう、せっかく作ったのに、忘れて行っちゃったみたい」

腕時計を見ると、午後10時を少し回っていた。

その時、同じ部署の先輩が言っていた言葉を、ふと思い出した。

父自身はスーパーバイザーをしていると言い、先輩は父をナイトカストーディアルキャストだと言っている。

ここからディズニーまでは、車で30分もかからない。

これは、もしかしたら真実を知るチャンスかもしれない……と、私は思った。

「お母さん、それ私が届けようか？」

「え？　わざわざいいわよ」

「でも、お母さん今届けようとしてたんでしょう？」

「まぁ……でも、やっぱりいいわ。お父さんだって子供じゃないんだし、食堂もあるって言ってたから」

「本当は……、お父さんが私に嘘をついてるから、それでお弁当を届けなくていいって思ってるんじゃない？　お母さん」

「……」

「お父さん、本当はスーパーバイザーじゃなくて、清掃の仕事をしてるんでしょう？」

「さっちゃん……知ってたの？」

「なんでお父さんは私を騙しているの？」

「騙すだなんて、そんなんじゃないわ」

「だって嘘をついているってことは、騙していることと同じでしょう？」

「違うわ、違うのよ、さっちゃん」


私と母は、家の中に入った。

母が紅茶を入れてくれている間に、私は部屋で着替えを済まし、リビングへ行った。

スーパーで売っている安物の紅茶ではあるが、高ぶってしまった気持ちを和らげるには、丁度いい香りの強さである。

私は、ダージリンの紅茶に砂糖を2杯入れ、一口飲んでカップを置いた。

すると、母がそっと話し始めた。

「さっちゃん」

「ん？」

「お父さんが嘘ついたこと、怒ってる？」

「怒ってるっていうか……いい気はしてないけど」

「そうよね、嘘をつくことは決していいことじゃないわよね。でも、さっちゃんももう立派な大人だし、だからこそ、嘘をついてしまったお父さんを、許してあげてほしいの」

「許すだなんて……私は別にお父さんを憎んでるわけじゃないけど、ただなぜ嘘をついたのか、理由を知りたいだけなの」

　すると母は、カップを包むように持ったまま、話を続けた。

「さっちゃん、小6の時、お母さんと一緒にお父さんの職場に行ったの覚えてる？」

「お母さんと一緒に？」

「そう。新潟の叔母さんの結婚式に着ていく服を買いに、デパートへ行ったでしょう？　その時、帰りにお父さんの職場へ行って、二人で驚かそうって」

「ああ、あの時……うん、覚えてる」

「あの時お父さんが清掃してたビル、すごく大きかったわよね」

「うん、そうだったね。どこかの商社で、大勢のサラリーマンが行き交ってたのを覚えてる」

「そう、そのサラリーマンの人たちを見たさっちゃんがね、『お父さんもああいう格好してほしいな』って言ったの」

「私が？　そんなの、全然覚えてない……」

「その時のお父さん、聞いてない振りしてたけど、自分の足元をずっと見てたのよ」

「足元を？」

「お父さんの足元ね、白いはずの裾《すそ》が、飛び散ったワックスや汚れた水で、灰色になってたから……」

「そんな、私、悪気があったわけじゃ……」

「わかってるわ、あなたを責めてるわけじゃないの。ただ、お父さんが嘘をついてしまった気持ちを、理解してほしいだけなの」

「私、お父さんの仕事を恥ずかしいなんて思ったことないわ。それどころか、真面目な姿を誇らしいと思ってた」

「ええ、それもわかってるわ。でも、お父さんにとってあの時のことは、心のどこかにずっと引っかかってるの。言われた言葉は覚えてないかもしれないけど、無意識の中で自分の仕事に引け目を感じる気持ちが、埋め込まれているというか」

「お父さん、傷ついたままなのかな……」

「傷つくというより、さっちゃんに対して申し訳ないと思う気持ちのほうが、大きいかもしれないわ。だから、自分を格好良く見せようと思って嘘をついたわけじゃなく、さっちゃんを喜ばせたくてついた嘘でもあるってことを、わかってあげてほしいの」

「……」

「さっちゃん、お父さんの夢を知ってる？」

「夢？」

「そう、夢。お父さんの夢は、出世することでも、お金をたくさん稼ぐことでもなくて、さっちゃんを幸せにすることが、お父さんの一番の夢なのよ。平凡かもしれないけど、それで『幸子』って名前を付けてくれたの」


私は、自分が恥ずかしくなった。

父は、私を騙していたわけじゃない。

私が、父に嘘をつかせてしまったんだ。


もしかすると、父は嘘ついたことを後悔しているかもしれない。その心苦しさを、どうすれば取り除くことができるだろうか。

父が本当のことを言い出せるよう、私はどうすればいいのだろうか。

その時、私はある方法を思いついた。

＊

１９８６年、12月31日。大晦日

ディズニーランド開園初の、終日営業当日。

とうとう、幸子に本当のことを言えないまま、大晦日を迎えてしまった。

どうか、無事見つからないよう、一日が終わりますように……と願い、持ち場についた。

初めてのデイタイムは、閉園後のパークとは打って変わって華やかだった。

ミッキーマウスやドナルドダックと一緒に写真を撮っている家族連れや、カメラを首から下げた若者たち、地図を開きながらパークを回るカップルたち、それは想像を超える賑わいだった。

何より、ゲストが気楽に話しかけてきてくれる。

ディズニーランドの清掃員は、ゲストにとって一番近い存在なのかもしれない。

普段ナイトカストーディアルをしているキャストたちも、みんな楽しそうにコミュニケーションを取っている。

そして、僕は幸子に見つからないよう帽子を深くかぶり、仕事を続けた。

ウエスタンランドのレトロな時計の針が、まさに午前0時を指そうとする頃、1本の無線が入った。

それは、ゲストがこの広いパークで、指輪をなくしたという連絡だった。

そして、各ラウンドから2名ずつ集められ、たったの10人で指輪の捜索が始まった。

僕もその捜索をすることとなり、なくしたと思われるパーク内のゴミ箱すべてはもちろんのこと、トゥモローランドの地下にあるゴミ集積所など、ありとあらゆる所を手分けして捜した。

そして捜しつづけ、3時間が経った頃、金田が僕のところへ来た。

「皆川さん、どうですか？　それらしいものはありませんか？」

「無理ですよ、どこで落としたかもわからない指輪を、どう捜せというんですか」

「まぁまぁ、気持ちはわかりますが、もう少し捜してみましょう。それに、とても大切な指輪だそうで」

「大切な指輪？」

「ええ、婚約指輪だとか」

「そうですか。それは落とした人も悔しい思いをしているでしょうが、この広いパークで指輪を一つ見つけ出すなんて、不可能な話ですよ」

「そうは言っても、ディズニーランドは夢の国です。夢から覚めた時、あるべきものがないのは不自然ですよね？　だから、夢の国での落とし物は、徹底的に捜すんです」

「金田さん、そこまでする必要があるんですか？　そんな大切なもの、なくすほうが悪いんですよ。僕はもう限界だと思います」

「皆川さん、あきらめた時が限界なんです」

「……！」

「僕は〝そうじの神様〟からあることを教えられました」

「そうじの神様？」

「はい、ウォルト・ディズニーがこよなく信頼していたカストーディアルの初代マネージャー、チャック・ボヤージンさんです。東京ディズニーランドが開設される時、清掃の指導に来ていたチャックさんは、こう言いました。

『ダメだと思っても、信じる心を共有することで、限界を超せる時がある』……と」

僕は、その言葉を聞いてハッとさせられた。

思い返せば、いつも自分で限界を決めていた気がする。ここまでやったのだから、もう充分だろう。ここまでやれば、褒めてもらえるだろう……と。

幸子に対してもそうだ。

もう社会人になったのだから、父親としての役割は終わった……と。だから、幸子と心を開いて話すことがなくても、しょうがないことなんだと、都合のいい言い訳ばかり考えていた。

何に対しても、限界を決めずに取り組むことで、本当の自分らしさを見つけることができるのかもしれない。

いや、新たに見つけるのではなく、取り戻すんだ。昔抱いていた仕事への誇りを、今なら取り戻せるのかも……。

それこそ、この広いパークで小さな指輪を見つけることができたら、幸子に胸を張って、「お父さんの仕事は、本当は清掃員なんだよ」と、言える自分になれるかもしれない。

もし指輪が見つからなかったとしても、金田が言うように信じる心を共有することで、後悔のない仕事ができるはずだ。

娘に嘘をつくような人生を送らないためにも、僕は今、限界を超えてみせる。

そう自分に誓い、深くかぶっていた帽子をちゃんとかぶり直し、指輪の捜索を続けた。

捜索を始めて5時間が過ぎようという頃、空が白んできた。

もう捜すところがないのでは……という程、くまなく捜した。

その時、背後から船の汽笛が聞こえた。

それは、3階建ての蒸気船、マークトウェイン号だった。深夜のマークトウェイン号は、当たり前だが誰も乗っていない。だから、たくさんの乗客を乗せたマークトウェイン号は、なんだか生き生きとして見えた。


（そうだ、もしかしたら船の上という可能性も……）


乗客を入れ替えるわずかな時間に、僕は賭けてみようと思った。

そして船が岸に着くと、僕は一目散に乗り込んだ。

辺りが完全に明るくなってしまうタイムリミットまで、あとわずか。懐中電灯を片手に最上階まで駆け上り、デッキの隅々まで見渡した。

すると、アメリカの旗が並ぶデッキの隅に、きらりと光る小さなものを見つけた。

即座に近づいて手に取ると、それは指輪だった。しっかりと重量感のある、おもちゃではない正真正銘の指輪だ。

僕は、さっそく無線で金田に連絡を入れた。

指輪の特徴を伝えると、それは落とし主の言っている特徴と、ほぼ同じだった。

指輪をハンカチでそっと包み、階段を下りようとした時、ふと操舵室にあるノートが目についた。

ゲストがその日の感想や思ったことを綴《つづ》るノートである。

そして、幸子が言っていたことを思い出した。

『じゃあ、大晦日に私もマークトウェイン号行ってみるね』

大切な人と一緒に、あの子はもうこの船に乗っただろうか。

初めての深夜のディズニーランド、あの子は楽しんでいるだろうか。

さっきまでは、幸子に見つからないよう帽子を深くかぶり、ビクビクするばかりで、あの子が楽しんでいるかどうかなど、考える余裕は一切なかった。

僕は、ふとノートを開いた。

すると、開いたページを見て、僕は全身の力が抜けた。

『お父さんの白いコスチューム姿が、一番好き。幸子より』


これは……間違いない、幸子の字だ。

幼い頃から、文字が少しだけ右上に傾いている、幸子の字だ。

白いコスチューム姿……？

あの子は、僕が清掃員であることを知っているというのか？

もしかして、これは僕に対するメッセージではないだろうか。嘘をついている僕に、真実を語るきっかけを、あの子は作ってくれたのではないだろうか。

幸子は、昔から明るくて優しい子だった。

幼い頃、こっそりと現場に連れていった時も、ピカピカになった床の上で、無邪気にはしゃぐ姿が、この上なく愛しかった。

僕は、この指輪に感謝した。

最後まであきらめず、本気で捜し抜いたことにより、神様がここに導いてくれたのかもしれない。

限界なんて、自分で決めるものじゃない。

ましてや、誰かに決められることでもない。

そんな風にさえ思えた。

そして僕はノートを置き、マークトウェイン号を降りると、金田が待っていた。

金田は「ご苦労さま」と言って、僕の手を強く握りしめた。そして僕も、握り返した。

僕らは、指輪の持ち主の元へ、足早に向かった。

指輪の落とし主は、意外にも若い男性だった。落とした指輪は、これから渡す婚約指輪だと言う。

男性は大層喜び、何度も何度も礼を言ってきた。

その顔を見たら、捜している時の苦労など吹っ飛ぶ気持ちになった。

そして、男性はこう言った。

「今日の夜、ここでプロポーズしようって決めてたんです。直接指にはめてあげたくて、箱から出しておいたものの、いつの間にか落としてしまったようで……」

一世一代の瞬間を無駄にしなくて良かったと、僕は心の底から思った。

そして、こみ上げる思いを伝えた。

「うまくいくといいね」

男性は、満面の笑顔で「はい！」と言い、指輪をちゃんと箱にしまった。

こんなにも、仕事に対してやりがいを感じたことが、今まであっただろうか。

僕は、金田が言っていた言葉を思い出した。

『ダメだと思っても、信じる心を共有することで、限界を超せる時がある』

まさに、今がその瞬間なのだと確信した。

共に指輪を捜すキャスト、そして落としてしまったゲスト、皆が信じる気持ちを共有することで、この指輪に出合うことができた。僕は、この感動を生涯忘れることはないだろう。

すると、背後から誰かに呼ばれたような気がした。

ふと振り返ると、そこにはいつもよりめかしこんだ幸子が立っていた。

「お父……さん？」

すると、指輪の箱をポケットにしまった男性が、幸子に向かって「さっちゃん」と言った。

どうやら、僕は幸子より先に、幸子がもらうはずの指輪を手にしたようだ。

偶然が生んだ奇跡に、心から感謝した。

そして、幸子に伝えないとならないことがあることを思い出した。軽く深呼吸し、幸子の瞳をまっすぐ見て言った。


「ノート読んだよ」

「……そっか。あそこに書いておけば、いつか絶対読んでもらえると思って。ほら、この間のお休みの日、夜勤の人とゲストのコミュニケーションは、マークトウェイン号に置いてあるノートなんだって言ってたから……」

「幸子は、お父さんの話なんかちゃんと聞いてないと思ってた」

「そんなことないわ。私は、昔からお父さんの話を聞くのが結構好きだったのよ」

「そっか、ごめんごめん」

「ううん、謝らなきゃならないのは私のほうよ。お父さん……ごめんなさい」

「なんで幸子が謝るのさ。謝らなきゃいけないのは、お父さんのほうだよ」

「ううん、私よ」


僕は、一番大切なことを思い出した。

それは、幸子を幸せにするという「夢」だ。

いつの日か、夢を持っていたことすら忘れていた。自分に自信が持てなくなっていたことを、仕事のせいにしたり、娘の成長のせいにするばかりで、自分にとって一番大切なことが何か見失っていた。

限界を超え、指輪を見つけ出した瞬間、僕はその夢に一歩近づけたのだ。

幸子にとって、かけがえのないものとなる指輪を、失わずにすんだ。

それから、キラキラとした彼の瞳に向かって、こう聞いた。

「これからは、君が幸子を幸せにしてやってくれるかい？」

すると彼は姿勢を正して、深く頷いた。

そして、いつの日か幸子に言おうと思っていた言葉を、僕は心の底から伝えた。

「幸子」

「なぁに？　お父さん」

「幸せになるんだよ」


幸子は、涙を浮かべながら何度も頷いた。

僕は今、この白いコスチューム姿を誇りに思う。

そして、幸子の歩む新たな人生と幸せを、これからも願い続けようと、心に誓った。


1987年、1月4日。

東京ディズニーランド初の大晦日は、想像以上に大盛況だった。

デイタイムの清掃を拒んでいた皆川も、あの日を境に仕事に対する考え方が変わったように見える。

清掃の仕事に対する劣等感が払拭《ふっしょく》され、今は仕事を楽しみながら、そして使命感を持って勤めている。

何かを極めるということは、限界を決めずに取り組むことなのかもしれない。

今回のことを通じて、僕自身改めて恩師の言葉を思い出すことができた。

『ダメだと思っても、信じる心を共有することで、限界を超せる時がある』

僕は、その言葉を再び心に刻み、いつも通り深夜のパークを巡回した。

すると、ミッキーマウスレビューに入ると、動物のうめき声のような、何か異様な音が聞こえてきた。

音の鳴る方へ行ってみると、そこには目を疑う光景が待ち受けていた。

【第2話】へ続く

※現在、マークトウェイン号にゲスト用のノートは設置されておりません。

第2話 月夜のエンターテイナー

1987年、1月4日

真夜中のディズニーランドは、相変わらず探検心をくすぐられる。

幼い頃歌った童謡の如く、おもちゃの箱から人形や兵隊が出てくるかのような、そんな世界を醸《かも》し出している。

そして、そんなパーク内を巡回していると、ミッキーマウスレビューの方から、動物のうめき声のような、何か異様な音が聞こえてきた。

音の鳴る方へ行ってみると、そこには目を疑う光景が、僕を待ち受けていた。

なんと、ゲスト（お客様）が歩行する赤い絨毯《じゅうたん》の上で、一人のキャスト（従業員）

がイビキをかいて寝ているではないか。

そのキャストは、増田という五十そこそこの男で、ゴールデンカルーセル（メリーゴーラウンド）を担当している。

僕は、熟睡している増田を起こし、事情を聞くことにした。

「増田さん、起きてください、増田さん」

すると増田は、「よっこらしょ」という掛け声と共に、ゆっくりと上半身を起こし、目をこすりながら僕の方を見た。

「なんだ、金田さんか」

「なんだじゃないですよ、こんな所で寝ているなんて、具合でも悪いんですか？」

「具合？　ああ、悪いね。こんな寒空の下で働かされたら、そのうち凍死しちまうよ」

増田は、ぶっきらぼうなものの言い方だが、根は明るく悪い人間ではない。

弁当を食べる時間は、皆のムードメーカーとなって話に花を咲かせてくれる。

しかし、仕事に対する姿勢は、ここに勤め始めた頃からあまり変わらない。

どこかいい加減なところがあるというか、やる気を感じられないというか。

すると、増田は投げやるかのように、こう言った。


「まったく、こんな作り物の馬を磨いて、何になるんだ。腰は痛いし、薬品の入ったバケツは重いし……俺は、針より重いものなんか持ったことないのにさ」

「はり……ですか？」

「そうさ、糸を通して布を縫《ぬ》う針だよ」

「ああ、洋裁で使う針のことですね。そういえば、増田さんはここに来る前、お針子《はりこ》さんをしていたとか」

「そうだよ、裾のホツレを直したり、ボタンを付けたり、温かい部屋で繊細な仕事をしてたから、そうじの仕事なんて俺には向いてないんだ」

「そうでしょうか、そういった細かい仕事をしていたからこそ、他の人が気づかない所にも目が届くのではないでしょうか」

「そんなの綺麗事だよ。こんな寒空の下、何が楽しくて90頭の馬を一人で磨かなきゃならないのさ。指はかじかむし、冷え切った真鍮《しんちゅう》の棒を1本ずつ90本も磨いてごらんよ、朝方には腕も上がらなくなるほど辛いんだよ。どうせ客もいないし、ちょっとくらい寝てたって誰にも迷惑かけやしないだろう？」

増田の話によると、ディズニーランドの仕事は、次の仕事が見つかるまでの繋ぎだという。

登録している派遣会社が、自分の理想に合った仕事を見つけてきたら、そちらに移ってしまうそうだ。

それはともかく、目の前の仕事を気持ちよく務めてもらうためには、何と声をかけたらいいのだろう。

僕は、ありきたりな質問を投げかけてみた。

「増田さん、ご家族でここに遊びに来たことはありますか？」

すると、増田はこう答えた。

「遊びに？　あるわけないじゃないか。子供だましの乗り物に金を払うなんて、ただの無駄使いとしか思えないよ」

興味がないことに対し、関心を持ってもらうことは非常に難しい。
僕は元々『ディズニーランド』という世界が好きで勤めたが、彼は違う。
ましてや、真夜中の清掃は孤独で寂しい作業だ。
しかし、日中は打って変わって人々がにぎわい、まさに夢の国そのものである。
増田は、ディズニーランドの本当の姿を見れば、仕事に誇りを持ってくれるのでは

ないだろうか。

ひとまず、勤務中に寝ないよう注意し、僕は巡回を続けた。

*

1987年、2月某日

今日は、いつにも増して寒い。

降りやまない雪に、手がかじかんで雑巾《ぞうきん》すら絞れない。

こんな所はさっさと辞めて、早く次の仕事に移りたいものだ。

しかし、今ここで手を抜いたら、スーパーバイザーの金田に、またうるさいことを言われる。

この間は、ちょっと寝ていただけで、「洋裁の仕事をしていたのだから、細かいところにも目が届くはずだ」とか「家族と来たことはあるか」とか、訳のわからないことを言われた。

管理者など、どうせ俺たちのことをうまく使うことしか考えてないんだ。

渋々馬を磨いていると、隣のアトラクションを担当している福永が、休憩時間を知らせに来た。

福永は、二十代そこそこの青年なのだが、俺のことを「おやっさん、おやっさん」と慕ってくれている。

そんな福永と共に休憩室へ行くと、既にみんな弁当を食べ始めていた。

自分たちも席に着き、バッグから冷えた弁当を取り出した。

すると、福永は弁当を一口頬張り、こう言った。

「あーあ、こんな寒い日くらい温かい弁当が食べたいなぁ」

まったくだ。

体の芯まで冷えているのに、冷たい弁当など食べたって、力ひとつ湧いてこない。

すると、福永のぼやきに対して、背後から誰かが反応した。

「確かに、そうですよね」

振り返ると、そこには弁当袋を手にしている金田が立っていた。

「ここ、座ってもいいですか？」

金田は自分たちの向かい側に腰掛けると、袋から黒いプラスチックの弁当箱を出した。うわさでは、金田はよくいろんな休憩所に行ってはキャストと一緒に弁当を食べているらしい。

両手を合わせて「いただきます」と言うと、きんぴらごぼうを口に運び、さっきの話の続きを始めた。

「ほんとですよね、こんな冷えた弁当食べたって、腹が膨《ふく》れるだけで、生きてる心地しませんよね」

俺は、少々驚いた。

また面倒な説教をされるのかと思いきや、金田は共感してきたのだ。

「なにか、いい方法はないかなぁ」

金田は箸《はし》を止め、じっと弁当を見つめている。

とはいえ、弁当が冷えているのは当たり前のことだ。そんな当たり前のことが、そう簡単に変わるはずがない。

それに、金田は俺たちのことを思いやるフリをしているだけかもしれない。

三十そこその若い管理者に、いったい何ができると言うのだ。

「金田さん、そんな簡単に状況は変わらないさ。弁当が冷たいのは、〝当たり前〟のことだ。いい方法なんか、一つもないよ」

「そうでしょうか。例えば電子レンジを休憩室に置けば、お弁当を温めることができます」

「電子レンジ？　あんな高価なもの、家電売り場でしか見たことないね。そんなものを、たかが従業員のために会社が買うと思うかい？」

「それは、申し出てみないとわかりません」

「本気かい？　あんたたち管理者は、俺たちをうまく使うことが仕事だろう？　そんな面倒なことを申し出たら、金田さん、あんた間違いなく叱られるよ」

「そうとは限りません。なぜなら、温かい弁当を食べることで力が湧けば、より一層仕事がはかどるでしょう？　それは、会社的にもとても望ましいことです。

それに、僕らはキャストをうまく使おうだなんて思ってませんよ。キャストはみんなディズニーランダーズですから」

「ディズニーランダーズ？」

「はい。『ディズニーの住人』という意味です。要は、家族ということです」

「家族……か」

「ええ、家族のようにキャストを思いやることで、キャストは自然とゲストのことを大切にするように育つのです。最高のチームワークは、思いやりの中で完成すると、僕は思うんです」

「まぁ、理想はそうかもしれないが……」

「状況を変えるには、誰かが初めの一歩を踏み出さなければ変わりません。それに、僕自身、温かい弁当を食べたいですしね」


それから数週間後、休憩室の片隅に電子レンジが置かれていた。

キャストたちはレンジの前に並び、順番に弁当を温めている。

まさか、本当に温かい弁当が食べられるようになるとは……。

既に弁当を頬張《ほおば》っている福永は、こちらを見て「グー」と親指を見せてきた。

そして、俺は温めた弁当を片手に、福永の横に座った。いつも硬くなっていた白いご飯は、ふっくらと柔らかく、ささやかな幸福感を感じた。

弁当を食べ終わる頃、一度やんだ粉雪が、再び降り始めた。

それは、まるで遠くの冬が浦安に降りてくるかのような光景だった。

「こりゃ、朝まで降るな」と、俺は窓の外を見て言った。

翌日も、翌々日も、冷え込む夜が続き、エリアを綺麗にするために撒《ま》く水も、氷と化してしまうのに時間はかからなかった。

氷を溶かすため、厨房から持って来た熱湯をかけ流すものの、それすら再び氷となってしまう。

ほとんど雪が降らないアメリカのディズニーランドでは、雪に対するノウハウがないらしく、自分たちでどうにか対策を考えるしかないと、金田は言う。

そんな氷との戦いが続いたある日、福永がこんなことを言った。

「風の吹く日は、氷がなくなるんだけどな」

そう言えば、福永は東北出身だと聞いたことがある。

「福永、おまえの知恵は、この氷との戦いに生かせるんじゃないかな」

「知恵……ですか？　そんなもん、ありませんよぉ」

「でも、雪には慣れているんだろう？」

「まぁ、生まれも育ちも雪国ですから、慣れていることは確かですが、それとこれは話が別ですよ」

するると、両手をさすりながら巡回している金田を見つけた。もしかしたら、金田なら福永の知恵を生かせるかもしれない。

さっそく、金田を呼び止め、福永が言ったことを伝えた。すると金田は真剣に向き合い、福永にこう聞いた。

「風の吹く日は、氷がなくなるって、本当ですか？」

「はい、僕の田舎ではいつもそうでしたし、ここでもそうですよ」

「なるほど……でも、都合よく風を吹かせることなんて、できないしなぁ」

「そりゃそうですよ。僕だって自由に風を吹かせる人なんか、見たことありませんよ。まぁ、巨大な扇風機でもあれば別ですが……」

「巨大な扇風機？」

「あ、いや、マンガみたいなこと言ってすみません」

「いや、福永さん、それ名案かもしれないよ」

「え？」


そして足早に本部へ向かった金田は、驚くべき計画を実行しようとしていた。

数日後、パークでは想像を絶する光景が広がっていた。

なんと、数十機もの業務用扇風機が、各エリアに配置されていたのだ。しかも首まで回っている。

金田は、何気ない福永の思いつきを、形として実行した。

普通だったら、「しょうがない」と言って諦めてしまうだろう。

しかし、バイトや派遣という立場の壁も超え、誰の意見であろうと耳を傾けている。

そのお陰で、皆が奮闘していた氷との戦いは、見事に解消されたのだ。

今まで、「使われている」「やらされている」と思っていた感情を、くつがえされた気がした。

キャストに対する思いやりの心、そしてゲストに対するおもてなしの心、その気持ちがこの夢の国を築いてきたのかもしれない。

いつものように、90頭の馬を磨き終えようとした時、ゴールデンカルーセルの前を金田が通りかかった。俺は金田に声をかけ、こう聞いた。

「金田さん、あんたはどうしてあそこまでやれるんだ？」

「あそこまで……とは？」

「あんなにも大量の扇風機を、本当に用意するなんてさ……ほんと、名ばかりの管理者では持ちえない実行力だよ」

「僕は管理者である前に、ディズニーランドのキャストです。だから、キャストのやるべきことを、やっているだけですよ」

「キャストのやるべきこと？」

「ええ、ゲストが安心して楽しめる環境を作ることです。そのために、ディズニーでは4つのキーワードがあるんですよ」

「4つのキーワード？　ああ、そういえば、研修でそんなことを聞いた気がする」

「ええ、一に安全（Safety）、そして礼儀正しさ（Courtesy）、次にショー（Show）、最後に効率（Efficiency）、この4つのキーワードは、その並びが優先順位になっていて、この優先順位に従って行動することによって、ゲストが安心して楽しめる環境を作ることができるんですよ」

「なるほど。まぁ、同じキャストと言っても、そうじ係の俺には縁のない話だな」

「増田さん、僕は〝そうじの神様〟からあることを教えられたんです」

「そうじの神様？」

「はい、ウォルト・ディズニーが本気で信頼していたカストーディアルの初代マネージャー、チャック・ボヤージンさんです。チャックさんは、僕にこう言いました。

『そうじは、パレードやアトラクションを演出するための、舞台作りなんだ』……と。

だから、カストーディアルは最高のエンターティナーだと、僕は思うんです」

「エンター……ティナー？」

「ええ、人々を楽しませてくれる演出者です。特に、夜のカストーディアルはね。だから、従業員を「キャスト」と呼ぶのは、そういう思いが込められているからなんですよ」

その言葉を聞いて、今までしてきた自分の仕事を、思い返した。

しかし、馬の乗り物を磨くだけの自分が、エンターティナーだなんて思えない。

「やっぱり、俺には到底真似できないや」

「そんなことありません、増田さんは既に立派なエンターティナーです」

そして、金田はポケットの中から何かを取り出し、差し出してきた。

「これ、良かったらどうぞ」

金田が渡してきたものは、ディズニーランドのチケットだった。

「ここに、遊びに来たことないって言ってましたよね？　ぜひ一度、本来のディズニーランドの姿を見てほしくて。ご家族で楽しんでください」

そう言うと、金田は再び次のエリアへ向かった。

次の休み、増田は妻と娘たちを連れて、初めて入場門からパークに入った。

そこは、自分がいつも見ている景色とは別世界で、賑わう人々、陽気に手を振るミッキーマウスやミニーマウス、まさに夢の国だった。

娘たちは、大興奮してパークの中を見渡している。

こんなに喜ぶなら、もっと早く連れてきてやればよかった。

そしてさまざまなアトラクションに乗り、ひと息ついた後、自分の担当エリアであるゴールデンカルーセルへ向かった。

すると、いつも見慣れているはずの場所なのに、なんだか初めて来たかのような、そんな気持ちになった。

毎晩、月夜に照らされ、じっとしている馬たちは、キラキラとしたネオンを放ち、まるで踊るかのように回っている。寒空の下、手を震わせながら磨いているタテガミも、芸術品のような迫力で、存在感をアピールしている。

何より、馬に乗っている子供たちが、この上なく楽しそうに笑っているのだ。

そんな子供たちを見ている親たちも、最高の笑顔で手を振っている。

自分の手をかけたものが、こんなにも喜ばれていたとは、想像すらしたことがなかった。

俺の仕事は、ゴミを拾ったり、乗り物を磨いたりするだけじゃなかった。

その先には、こんな感動が待ち受けていたんだ。

その時、ひと組の家族がこっちへ近寄ってきた。

「すみません、シャッター押してもらえますか？」

ゲストのカメラを受け取った娘は、ゴールデンカルーセルを背景に、適当な角度でシャッターを押した。

「そこじゃない！」

俺は、思わず娘からカメラを取り、構え直した。

「お父さんたら、いきなり何よ」

「そこからじゃ、あいつらの顔が全然写らないんだ！」

なぜだかわからないが、心など通うはずもない作り物の馬たちを、一瞬愛しいと感じた。

そして、レンズの向こうに見える一家の笑顔と、踊るように回る馬たちの姿を見たら、自然と涙が込み上げてきた。

あの90頭の馬を輝かせることができるのは、俺しかいない。そんな風にさえ思えた。

（お前たちを、このパークで一番の人気者にしてやるからな）

心の中でそう呟《つぶや》き、最高の瞬間でシャッターを押した。

POP
COR

――1年後――

深夜のディズニーランド。

それは、華やかな夢の国とは程遠い、孤独な世界である。

「ここでの仕事は、次の仕事が見つかるまでの繋ぎ」と言っていた増田は、1年経った今もなお、90頭の馬を磨き続けている。

しかも、1頭1頭に名前を付け、呼びかけながら、心を込めて磨いている。

『そうじは、パレードやアトラクションを演出するための、舞台作りなんだ』

恩師に教えられたこの言葉は、増田のことを通して改めて僕の心に刻まれた。

そして、ディズニーランドが開園して5年目を迎えた春、僕はデイカストーディアル（昼間の清掃員）のスーパーバイザーを務めることとなった。

入社前から望んでいたデイタイムゆえ、僕にとっては喜ばしい辞令だった。

しかしその半面、寝静まったおもちゃ箱のような光景が、もう見られないのかと思うと、どこか寂しい気持ちにもなった。

気持ちを入れ替え、新しい部署へ向かうと、デスクの上に僕宛ての手紙が置いてある。

封を切ると、そこには目を疑う内容が書かれてあった。

『うちの娘は、ほうきとチリトリを持たせるために、大学へ行かせたわけではありません』

それは、新入社員の親御さんから送られてきた手紙だった。

娘さんがそうじ部門に配属されたことに対して、不満を抱いている内容が書かれてある。

僕がデイタイムで行う最初の仕事は、どうやらこの問題を解決させることから始まるようだ。

【第3話】へ続く

※現在、ゴールデンカルーセルはキャッスルカルーセルと名称が変更されています。

第3話 魔法のポケット

この春、ナイトカストーディアルからディカストーディアルのスーパーバイザーを務めることとなった僕は、ある新入社員の元へと向かった。

というのも、先日、新入社員の母親から僕宛てに、1通の手紙が届いたのだ。

その内容は、まさに度肝を抜かれるという表現が、ぴったりかもしれない。

以下、全文である。

『金田様
前略
この度は、娘 聡美を御社に入社させていただき、心より感謝申し上げます。

このようなお手紙を書かせていただくのは、ぶしつけなことだと重々承知の上、筆を取らせていただきました。

先日、聡美の配属部署が、そうじ部門に決まったと聞きました。大変申し上げにくいのですが、うちの娘は、ほうきとチリトリを持たせるために、大学へ行かせたわけではありません。どうか、そうじではない部署に変えていただけないでしょうか？　無理を承知でお願いしております。

ご検討の程、よろしくお願い致します。

母　松永テイ子』

どうやら、娘さんがカストーディアル（清掃員）の部署へ配属されたことについて、ご両親は納得がいかないらしい。

僕は、ひとまずこの松永聡美という新入社員に、本人の真意を聞いてみることにした。

彼女のいるエリアへ向かうと、そこには新芽のような初々しいキャストたちが、まだ着慣れない真っ白いコスチュームを身にまとい、研修を受けている最中だった。

その中でも、ひときわ熱心にメモを取り、率先して質問をしている一人の女性キャストがいた。

ネームプレートを見ると、「MATSUNAGA」と書かれている。

研修が一段落したところで、僕は松永聡美を呼び出した。


「研修中に、呼び出して悪いね」

「いいえ、私にお話って何でしょうか」

「突然だが、君はカストーディアルの仕事をどう思うかい？」

「素晴らしいと思います。入社する前から、憧れの仕事でしたから」

「そのことを、ご両親に話したことは？」

「両親……ですか？　ディズニーランドに勤めたいということは、よく話していましたが……」

「では、君がカストーディアルに憧れていたということまでは、知らないわけだね？」

「はい……。金田さん、うちの両親が何か……？」

「実はね」


僕は、彼女の母親から届いた手紙を、本人に見せた。

すると聡美は、大層驚いた様子で手紙を読み、「申し訳ありません！　今度の休み、実家に帰って私から直接両親に話をしてきます」と言い、深々と頭を下げて持ち場へ戻っていった。

聡美は、とても真面目な上に素直な若者だ。彼女が心を開いてご両親に話をすれば、きっと伝わるに違いない。

もし、それでも納得してくれなければ、僕が直接話し合ってもいい。他人が口を出すのは、それからでも遅くはないだろう。

僕は、ひとまず彼女を信じ、見守ることにした。

——2週間前——

「あなた、起きて！　聡美からハガキが届いたわよ」

それは、長女の聡美が千葉で一人暮らしを始めてから、初めて届いたハガキだった。

母親としては、地元の岩手で就職してもらいたかったものの、「ディズニーランドで働きたい」と言うあの子の強い希望を尊重し、親戚が住む千葉なら……と、一人暮らしを許した。

しかし、聡美から届いたハガキには、私たち親の期待がどこか遠くへ飛ばされたような、そんな内容が書かれてあったのだ。

『お父さん、お母さん、お元気ですか？

私は、念願のディズニーランドで働くこととなり、毎日がとっても新鮮です。そして、私が担当する仕事は、カストーディアルという清掃部門です。もう少し暖かくなったら、お母さんたちも遊びに来てね。

聡美より』

「なんだい、朝から騒々しい……休みの日くらいゆっくり寝かせてくれよ」

「あなた、これ……聡美から来たハガキなんだけど、ねぇ、ここを見て」

「ここ？」

「そう、あの子、せっかくディズニーランドに勤めたにもかかわらず、そうじの仕事をさせられるそうなの」

「会社が決めたんなら、仕方ないじゃないか」

「仕方ない？　あなた、私たちがどんな思いであの子を大学まで出したか忘れたの？」

「それは……まぁ、そうだけど」

「私立の授業料払うために、あなたは毎日残業して、私はパートをフルタイムにしてもらって、ようやく4年間を乗り切ったんじゃない。その結果が、そうじだなんて……」


私は、情けなくて涙が溢れそうになった。

裕福ではない暮らしの中で、あの子の〝将来〟という希望の光があったからこそ、家事も仕事も頑張ってこられた。

なのに、大学まで出した結果がそうじだなんて……。

ひとまず、聡美からのハガキを手に、夫と居間へ行った。寝起きの夫に目を覚ましてもらおうと、濃い目のお茶を煎れ、そして夫が一口飲んだところで、今の気持ちを伝えた。

「あなた、聡美に今すぐ他の会社に移るよう言ってちょうだい」

「いくらなんでも、それは無理だろう」

「どうして？　東京だったら、もっと人の役に立つ仕事がたくさんあるでしょう？　わざわざそうじの仕事じゃなくたって……」

「そうかもしれないけど、まずは聡美自身がどう考えているのか聞いてみないか？」

「聡美自身？　そんなの、決まってるじゃない。誰が好きこのんでそうじなんかやるのよ。それに、あの子は真面目で引っ込み思案だから、きっと自分の思っていることを、口に出すことができないんだわ」

「それにしたって、まだ入社したばかりじゃないか。今すぐ転職……というのは難しいと思うが」

「いいわ、じゃあ、私があの子の代わりに言ってあげる」

「言ってあげるって、誰に？」

「あの子の上司よ。そうじゃない部署に変えてくれって、お願いしてみるわ」

　自分の言っていることが、非常識なことだというのはよくわかっている。でも、私たちの希望である聡美が、そうじをさせられるという決定を、どうしても受け入れられない。

ましてや、勉強もバイトも頑張ってきたあの子の努力を、会社の間違った判断によって無駄にしたくない。

直接ディズニーランドに行こうかなど、しばらく考えた結果、私は、上司の金田さんという人に手紙を書くことにした。

気持ちをわかってもらえるかなんてわからないが、このまま泣き寝入りすることだけはしたくなかった。

――2週間後――

手紙を出してから数日経ったある日、聡美から電話がかかってきた。

次の休み、岩手に帰って来ると言う。

私は、転職の話を含めて、こっちへ戻って来ないか話してみようと思う。

そして、その週の木曜日、聡美が小さな手さげカバン一つを持って帰って来た。

部屋はそのままにしてあるため、たいして荷物は必要ではない。1泊2日くらいなら、手さげカバン一つで充分だったのだろう。

あの子の好きな肉じゃがや、つみれ汁などを食卓に並べ、箸を付け始めたところで、本題に入った。

「ねぇ、聡ちゃん。一人暮らしはどう？」

「どうって？」

「不便なこととか、あるんじゃない？」

「まぁ、まだ慣れないことはたくさんあるけど、自分で決めたことだから」

「仕事はどう？　嫌なこととか、やらされてるんじゃない？」

「そのことなんだけど……」

　すると、聡美は箸を置き、私の方をまっすぐ見てこう言った。

「お母さんが書いた手紙、金田さんから見せてもらった」

「……」

「ねぇ、お母さん。私ね、カストーディアルの仕事が好きなの」

「カストーディアル？　ああ、そうじの仕事ね」

「確かに、カストーディアルはそうじがメインだけど、それだけじゃないの。何て言うか、歩くインフォメーションって言うか……お客様に〝幸せ〟を提供することが第一の仕事なの」

「確かに、そう言うと聞こえはいいけど、あなた会社に騙《だま》されてるのよ。都合よく使われてるだけなのよ。お母さんたちが、どんな思いであなたを大学にやったと思ってるの？　そうじの仕事をさせるために、頑張ってきたわけじゃないのよ」

「お父さんやお母さんには感謝してる。本当よ。でも、カストーディアルが素敵な仕事だということも本当なの。信じて、お母さん」

「ねぇ、聡ちゃん。この家に帰って来ない？」

「え？　どういうこと？」

「もう充分でしょう？　あなたみたいな世間知らずな小娘は、都会じゃそうじくらいしか任されないってことが、よくわかったでしょう？　だから、強がってないで戻ってらっしゃいよ」

「お母さん……ひどい！　そんな風に思ってたなんて……。私、絶対に今の仕事辞めないから！　ここにも帰って来ないから！」

「聡美！」


聡美は席を立ち、荷物を持って出て行ってしまった。

夫は、すぐさま聡美を追いかけたものの、玄関から戻って来たのは夫だけだった。

久々の家族団らんは叶わず、聡美はその足で千葉へ戻ってしまった。

私は、間違っているのだろうか。いや、娘を心配する気持ちに、正解も不正解もない。どこの親も、子供を心配する気持ちは同じに違いない。

すると、再び席についた夫が、私に一通の封筒を渡してきた。

「これ、聡美から」

封を切ると、中にはディズニーランドのチケットが入っていた。

そして、添えられているメモ紙には、こう書かれている。

『お父さん、お母さん。私の働いている姿を、見に来てください』

聡美は、これを渡すために帰って来たのかもしれない。しかし、娘のみじめな姿をわざわざ見に行く親が、いったいどこにいるというのだ。

すると、呟くように夫が話し始めた。

「なぁ、一度見に行ってみないか？　口ごたえしたこともないあの子が、あれだけ強い意志を見せるなんて、これまであったかい？」

「……でも、私たちが行くとわかってたら、張り切っていいところを見せようとするかもしれないし」

「じゃあ、聡美にはいつ行くか言わなければいいよ。二人でこっそり見て帰って来よう」

確かに、何も見ないで反対するよりも、実際に仕事しているところを見てから思いを伝えるほうが、聡美も聞く耳を持ってくれるかもしれない。

私は、夫の提案に頷《うなず》いた。

そしてさっそく、次の休みを利用して、私たちは聡美の職場へ行くことにした。

初めてのディズニーランドは、今まで見たことのない光景だった。

外国のような感じと言うか、別世界と言うか、まるでここが日本だということを忘れさせられる光景だった。

聡美には内緒で来ているため、できるだけ見つからないよう注意せねば……と思っていたものの、想像を絶する広さを目の当たりにし、これでは見つけるほうが大変だ……と感じた。

聡美のいるエリアは、事前に上司の金田さんから聞いておいたため、園内地図を見ながら聡美の持ち場へ向かった。

金田さんには、私たちが来ていることを、聡美に伝えないようお願いしておいた。それについて金田さんは、快く承諾してくれた。

そして、スペースマウンテンという乗り物の近くを通ったその時、真っ白い制服を着た聡美を見つけた。

手には、ほうきとチリトリを持ち、落ちているポップコーンなどを拾い集めている。

「やっぱり……ただのそうじだわ。お父さん、帰りましょう。私、見ていられないわ」

「まだ来たばかりじゃないか。せっかくだから、もう少し様子を見て帰ろう」

「でも……」

「あっ！」

その時、ポップコーンを持った5歳くらいの男の子が、聡美の目の前で派手に転んだ。

手にしていたポップコーンは、辺りにこぼれ落ち、男の子は大声で泣き出した。ひざからは、うっすらと血が出ている。

近くにいた聡美は、すぐさま近寄り、男の子をヒョイと起き上がらせた。

「ぼく、大丈夫？　お母さんは？」

男の子は、泣きながら黙って首を振っている。そして聡美が「迷子になっちゃったの？」と聞くと、大きく首を縦に振った。

聡美は、腰に付けているポケットからバンソウコウを出すと、男の子のひざに貼ってあげた。

「他に痛いところはない？」と聞く聡美に対して、男の子は「うん」と答えている。

どうやら、ひざのすり傷の痛みより、迷子になってしまった不安と、ポップコーンを落としてしまったショックによって泣いているようだ。

すると聡美は、ポケットからカードのようなものを取り出し、男の子に差し出した。


「はい、これあげる。魔法のカードよ」

「魔法のカード？」

「そう。ティンカーベルが、魔法をかけてくれるの」

「どんな魔法？」

「このカードをポップコーンのお姉さんに渡してごらん。今こぼしちゃったポップコーンが、元通りになるから」

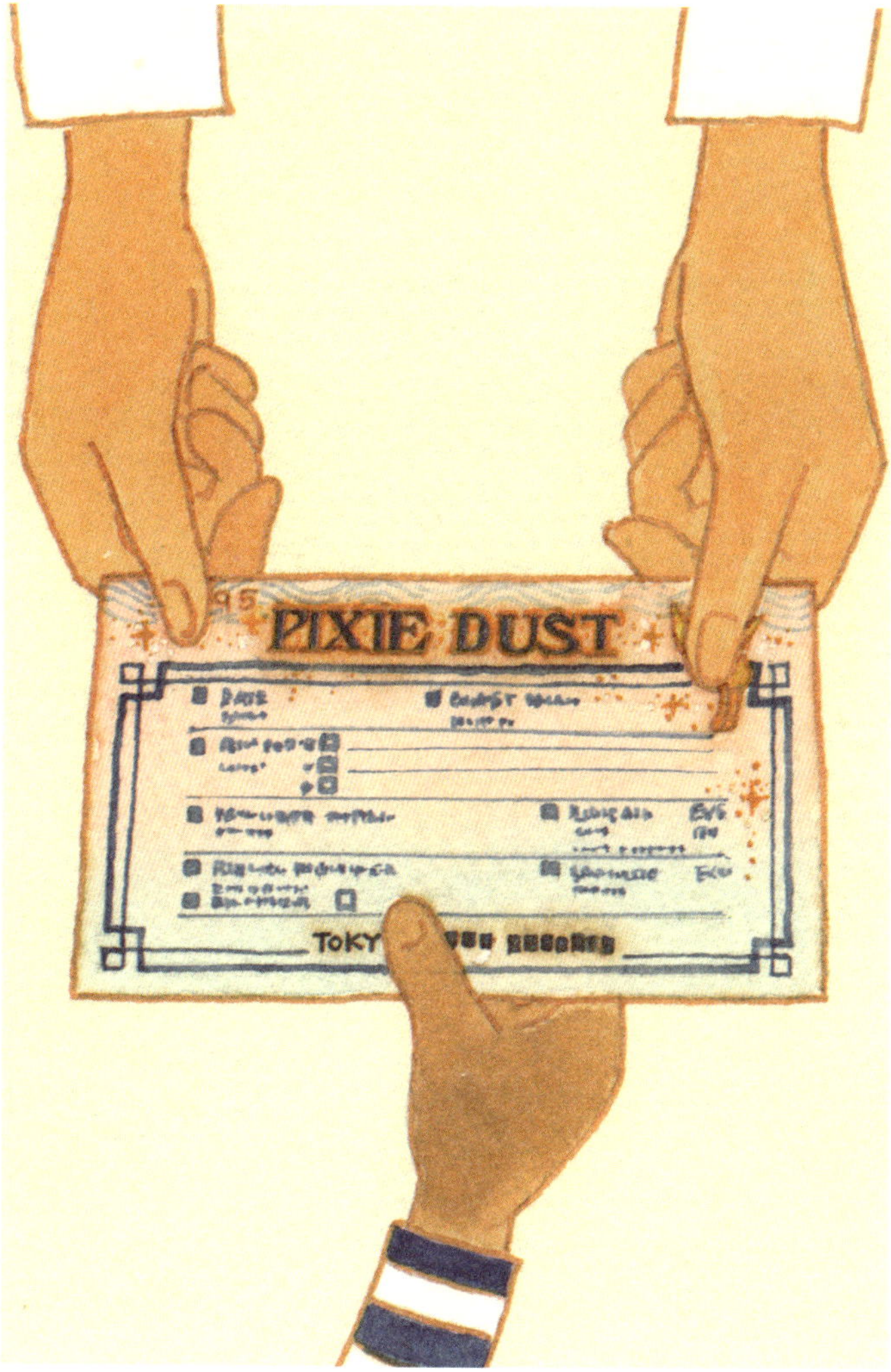
PIXIE DUST

男の子はカードを受け取り、テクテクとポップコーン売り場へ行った。

その隙《すき》に、聡美は辺りに散らばったポップコーンを、素早くほうきで片付けた。

「片づけた」と言っても、そそくさかき集めている様子ではなく、スティックを持ってしなやかに踊っているような動作だった。その華麗なほうきさばきに、周りで見ていたゲストから拍手が巻き起こった。

まるで何事もなかったかのように、まっさらとなった床は、聡美の清い心を表しているようにも感じた。

そして、男の子は満面の笑みでポップコーンを抱え、聡美のところに戻ってきた。

「お姉ちゃんお姉ちゃん！　ポップコーンのお姉さんにカード渡したら、いっぱい入れてくれたよ！……あれ？　さっきボクがこぼしたポップコーンは？」

「言ったでしょう？　ティンカーベルの魔法で、元通りになるって」

「すごーい！　お姉ちゃんのポケットって、魔法のポケットみたい」

「そうよ、これは魔法のポケットなの」

　すると、陰からその様子を見ていた私たちに、スーツを着た一人の男性が話しかけてきた。

「失礼ですが、松永さんではありませんか？」

　それは、聡美の上司である金田さんだった。

　金田さんは、丁寧な自己紹介を済ませると、聡美が男の子に渡したカードの意味を教えてくれた。

「さっきお嬢さんが男の子に渡したカードは、『サービス・リカバリー』といって、がっかりしたゲスト（お客様）に対し、希望を与えるカードなんです」

「希望を与えるカード？」

「はい、風船を飛ばしてしまった子や、あの男の子のように、転んでポップコーンを落としてしまった子の気持ちをサポートするためのカードです。手にしてみるとわかりますが、魔法使いのティンカーベルの絵が描かれてあるんですよ」

「ああ、それで聡美は〝魔法のカード〟と言ってたんですね……」

私は、不思議な気持ちに駆《か》られた。

ほうきとチリトリを持って歩いているだけかと思いきや、娘がしている仕事は、床を綺麗にするだけじゃないのかもしれない。

すると金田さんは、聡美が持っているチリトリを指差し、こう言った。

「ほら、お母さん、見てください。聡美さんが持ち歩いているチリトリ、まるで体の一部のように感じませんか？　ああして体にピッタリ寄せて持っているのは、ゲストに当ててケガをさせないためなんです。聡美さんは、先輩から教えられたそういうことを、必ず一度で覚えるそうです。とても真面目で、そして思いやりのある娘さんですね」

なんだか、あの子が輝いて見えた。

今まで見たこともないくらい、輝いて見えた。

すると、転んだ男の子が、聡美のポケットを覗きこみ、不思議そうに質問した。

「ねぇねぇ、お姉ちゃんのポケット、他には何が入ってるの？」

「他に？　そうねぇ、ぼくがもうケガをしないための、魔法のアイテムも入ってるのよ」

「え？　見たい見たい！　見せて！」

「いいわよ」

そう言うと、聡美は腰に付けているポケットから、薄紫色をした小さな袋を出した。

「これはね、お姉ちゃんの宝物なの。お姉ちゃんが交通事故にあった時、お母さんが作ってくれたお守りでね、中には15年前の10円玉が入ってるの」

「15年前の10円玉？」

「そう、事故にあってしまった15年前、お姉ちゃんはまだ7歳だったんだけど、迷子になってしまってね……それで、あっちこっち歩き回っている最中、車とぶつかってしまったの。それで、もしまた迷子になった時、すぐおうちに連絡できるようにって、お母さんがこの中に10円玉を入れてくれたのよ」

「へぇー、そうなんだ。それは宝物だね！」

「ええ、今では、ここにいるすべての人が、ケガをしませんように……という思いで、いつもポケットの中に入れてるの」

そう言うと、聡美は男の子の手をひいて、迷子センターへ連れて行った。

私は、目頭が熱くなるのを感じた。

「あんな古いもの……ずっと持っていてくれたなんて……」


あの子は、もう立派な社会人なのだ。

迷子になって、泣きじゃくっていたあの頃の聡美ではない。

すると、夫は私の肩にそっと手をかけ、「あの子を信じてやらないか?」と言った。

私は、聡美の生きる道を応援したいと、心から思った。そして、「そうね」と言い、肩に乗せられた夫の手に、私の手を乗せた。

金田さんは、「聡美さんを呼んできましょうか?」と言ってくれたが、私も夫も、心の底から仕事の邪魔をしたくないと思い、聡美には声をかけないで帰ることにした。

「それなら、存分に楽しんでいってください」と、金田さんは笑顔で言った。

私たち夫婦は、まるで新婚のようにパークの中を回って歩いた。

すると、行くところ行くところ、どこを見てもゴミが落ちていない。

タバコを捨てようとした人すら、綺麗な床を見回し、ちゃんと灰皿まで捨てに行っている。

まさに、人が汚せないいくらい綺麗なのだ。

すると、あるアトラクションの前で、小さな女の子が泣いている。


「いやだ！　いやだ！　絶対に乗る！」


どうやら身長制限により、搭乗を断られてしまったようだ。これも、ゲストの安全性を最優先するためには、欠かせないルールの一つなのかもしれない。

そして、泣いている女の子を見た男性のキャストが、すぐさまその子に近づき、あるものを差し出した。

それは、さっき聡美が男の子に渡したものと同じようなカードだった。

そのキャストは、「これは『未来の乗車券』だよ。大きくなったら、また必ず来てね。その時は、一番に乗せてあげるからね」と言うと、女の子と指きりげんまんを交わし、持ち場へ戻って行った。

女の子は笑顔を取り戻し、母親と手をつないで歩き出した。

「サービス・リカバリー」というのは、物だけに対して使われるわけではないようだ。

あるいは、単にお客様のクレームや会社のミスを解消するためのものとも違うのだ。私と夫は顔を見合わせ、感心を共有した。

また、写真を撮ってもらおうと、夫が持ってきたカメラをキャストに預けるたび、誰もが両手でカメラを受け取り、そして両手で返してくれる。

何か道具を手に持っていても、それをどこかに置き、必ず両手で受け渡ししてくれる。

私は思わず「どうして両手で持ってくれるのですか?」と聞いた。

すると、「もし落としてしまったら、お土産なら買い換えることはできても、思い出を買い換えることはできませんから」と、爽《さわ》やかな笑顔で答えてくれた。

ここは、思いやりに溢れている。

このような人たちに囲まれ、聡美は仕事をしているのだ。

私たちは、来てよかったと心底感じた。

そして、自分の心の狭さを恥ずかしいとさえ思った。

聡美を大学へやるため、こんなにも苦労した、あんなにも大変だったと、恩着せがましく自分の苦労を聡美に押し付けていた。

聡美は、心から多くの人の幸せを願っているというのに、私は結局自分のことばかり考えていた。

今度聡美が帰ってきたら、ちゃんと今の気持ちを伝えよう。

「聡美の夢を、お母さんも応援するからね。そして……私たちの娘に生まれてくれて、ありがとう」と。


こうして、私たちは充実した一日を過ごし、岩手へと帰った。

――1週間後――

聡美のご両親が岩手へ帰り、1週間ほど経ったある日、母親のテイ子さんから僕宛てに手紙が届いた。

その内容は、娘の働く姿を見て安心したという報告と、娘に関わるすべての人に対するお礼の言葉が書かれてあった。

こんなにも嬉しい手紙を、貰ったことがあっただろうか。それこそ、お守りの如《ごと》く持ち歩きたい気持ちになった。

そして手紙をポケットにしまい、僕はいつものようにエリアを回り始めた。

すると、遠目に聡美の姿が見えた。しかし、いつも元気な彼女が、今日は少々様子がおかしい。

どうしたのかと思い、事情を聞いてみると、聡美はこう答えた。

「両親に、ここの入園チケットを渡したんですが、一向に来てくれないんです。もしかしたら、自分の夢を追うことは、ただの我がままなのかもしれない……と思えてきて。金田さん、私は親不孝なのでしょうか?」

「君は、親不孝なんかじゃないよ。毎日、ゲストのために一生懸命頑張っているじゃないか」

「でも、ここでどんなに頑張っても、両親に認めてもらえないままでは、育ててもらった恩を一生返せない気がして……」

「じゃあ、お父さんやお母さんに恩返しをするためには、どうしたらいいと思う？」

「それは……、私がちゃんとした社会人になることだと思います」

「君は今、ちゃんとした社会人じゃないのかい？」

「いえ……それはわかりません」

「君の夢は、ここで働くことだって言ってたよね？」

「はい」

「どうして、ここで働きたいと思ったんだい？」

「それは、多くの人に夢を与えたいって思ったからです」

「なるほど。聡美さん、僕は〝そうじの神様〟から、あることを教えられたんだ」

「そうじの神様……ですか？」

「そう、ウォルト・ディズニーがこよなく信頼していたカストーディアルの、チャック・ボヤージンさんだよ。彼は僕にこう言ったんだ。『自分自身が夢を持っていないと、人に夢を与えることはできないよ』……とね。夢を持ち続けることで、ここにいるゲストだけでなく、ご両親にも夢を与えられるんじゃないかな」

そして、聡美の母親から届いた手紙をポケットから出し、彼女に渡した。

「これを読んでごらん。ここには、君が親不孝ではない証拠が、ちゃんと書かれてあるから」

「……」

「多くの人に夢を与えたい！と願う君だからこそ、できた恩返しだよ」

すると聡美は、封筒から手紙を取り出し、読み始めた。

『金田様
先日は、大変無礼な手紙をお送りしてしまい、申し訳ありませんでした。

あの日、働く聡美の姿を見て、私たち夫婦は心からあの子を誇りに思いました。

仕事を通して、人を思いやる心を御社に教えていただき、娘は驚くほどに成長していました。

実家で暮らしていた時には、見せたことのない社会人の顔を見ることができたのも、指導してくださっている皆さまのお陰です。

本当に、ありがとうございます。

何より、ほうきとチリトリを、体の一部のように扱う娘の姿勢に、感動を覚えました。

また、ディズニーランドのそうじとは、心を清らかにする最高のおもてなしなのだと、知ることもできました。

そして、夢を持ち続ける気持ちの大切さを、娘に教えられました。

これからも、陰ながら見守りたいと思います。

どうか、今後ともよろしくお願い致します。

松永テイ子』

聡美の目から、大粒の涙がこぼれた。

そして、自分の姿をこっそり見に来てくれた両親に対し、「ありがとう」と小さな声で呟いた。

「親が子供から何かを教えられた時、それはこの上ない恩返しの一つだと、僕は思うんだ」

聡美は、再び手紙を三つ折りにし、封筒にしまった。そして、僕にこう言った。

「やっぱり……」

「え？」

「やっぱり金田さんのポケットも、魔法のポケットなんですね」

顔をくしゃっとさせて笑う聡美は、小さな子供のようだった。

＊

それから数年の月日が流れ、僕は清掃部門から教育部門へ移動することとなった。

教育部門では、ディズニーランド全スタッフを育成するマネージャーとして、この上ないやりがいを感じるとともに、僕自身が大きく成長させられた。

それと同時に、未来を担う若い社員と触れ合うたび、僕の中では「新たな世界へ挑んでみたい」という気持ちが膨らんでいったのだ。

新たな世界とは、「パークに訪れるゲストだけではなく、もっともっと多くの人を笑顔にしたい……」と。

そして、憧れのディズニーランドに入社してから十五年が経った春、僕はディズニーランドを卒業した。

おもてなしの心得を始め、培った人材教育のすべてを、さまざまな企業に伝授していくための会社を設立した。幸せの輪を広められる第一歩だと確信して。

――2004年　8月――

ディズニーランドを去ってから7年。

僕は、優秀な社員にも恵まれ、さまざまな企業の研修やコンサルタントを務め続けた。一人でも多くの人を笑顔にするため、ディズニーランドで培った知識をもとに、人々を元気にさせる考え方やシステムを一般企業でも実践できるように仕組み化し、業種に関係なく、惜しみなく伝えた。

そんなある日、僕の机の上に一通の手紙が置かれてあった。さまざまな書類に紛れていたその手紙は、どことなく僕の手に取ってもらいたそうな、そんな雰囲気を醸し出しているように感じた。

そして封を手に取り、差出人を見ると、アメリカのディズニーの友人からだった。

その手紙の内容は……生涯の師匠であり、『そうじの神様』と称えられた、ディズニーランド初代カストーディアル・マネージャー「チャック・ボヤージン」の死を知らせる手紙だった。

チャック氏は、ウォルト・ディズニーのそうじの理想を叶えた、一番初めのカストーディアルマネージャーである。

また、1983年、東京ディズニーランドが開園される際、僕たちの指導をしてくれた恩師でもあるのだ。

僕は、夢でも見ているかのような気持ちになった。

長く患《わずら》っているということは聞いていたが、こんなにも突然、永遠の別れが来るとは……。

そして、その手紙を読み終わると同時に、今まで辿ってきた長い道のりを思い返した。

【第4話】へ続く

第4話 夢の、その先

1976年、2月

「新婚旅行ですか?」

アメリカ行きの飛行機の中、僕らに話しかけてきたのは、品のいいご婦人だった。

「はい、そうなんです。初めての海外なもので、緊張しちゃって……」

宮城県の大自然に囲まれて育った僕は、大学入学と共に上京し、一般商社の営業職に就いていた。

26歳の時、そこで出会った4歳年下の妻

との結婚を決め、新婚旅行先のアメリカへ向かっていたのだ。

「あらやだ、突然話しかけちゃってごめんなさいね。私、大野と言います」

「あ、いえ、僕は金田と言います」

「私たちにもね、あなた方と同じくらいの息子がいるの。だから、つい親近感を持っちゃって」

ご婦人の横には、恰幅《かっぷく》のいい紳士が座っており、先ほどから仲むつまじく会話を楽しんでいる。

お二人共、心に余裕があるというか、良い意味で気を遣い合わない関係に感じた。

「息子さんは、ご一緒じゃないんですか？」

「ええ、会社を継いでもらったばかりだから、まだバタバタしてるみたいでね」

「会社……というと、事業の経営を？」

「まぁ、小さな会社だけど、この人と二人でゼロから積み上げてきた会社なの」

「そうですか、それは素晴らしい。そんな会社を息子さんが継がれるなんて、心強いですね」

大野夫人は、ご主人を肘《ひじ》で突っつき、幸せそうに微笑んだ。

僕は、「(こんな夫婦になれたらな)」と心底感じた。すると、奥の席に座っていたご主人が、少々身を乗り出してこう言った。

「きみの夢はなんだい?」

「夢……ですか?　そう言えば、ちゃんと考えたことなかったかも……」

子供の頃、漠然と「大きな船に乗っていろんな外国を回りたい」と思い描いたことはあったが、具体的に「こうなるぞ!」という夢は、なかったかもしれない。

いわゆる「それなりの人生」を目標に、歩んできた気がする。

それに、夢を叶えられる人なんて、ほんの一握りではないだろうか。

僕は、ありきたりな質問をご主人に投げかけた。

「夢は、どうすれば叶えられるんですか？」

「そうだなぁ、これ！という方法なんてないと思うよ。ただ、一つだけ言えることは『限界を決めない』ということかな」

「限界を決めない？」

「そう。これがダメだったらやめよう、ここまでできなかったらあきらめよう……と、自分で限界を決めてしまったら、夢は叶わないかもしれないね」

すると、横で聞いていた夫人が、優しい口調でこう言った。

「夢はね、あきらめなければ叶うのよ」

その言葉がやけに僕の耳に残った。

そして、これから抱く夢の支えになるとは、この時は知る由《よし》もなかった。

長時間にわたる空の旅を終え、僕らは初のアメリカに足を踏み入れた。

空港で荷物を受け取り、大野ご夫妻に別れを告げると、夫人は名残惜しそうに手を振っていた。大野ご夫妻には、夢の話を始め、会社を立ち上げるまでの経緯、軌道に乗るまでの苦労など、普段耳にすることのできない貴重な話ばかり聞かせてもらった。

この旅は、新婚旅行という「思い出作り」だけでなく、人生にとってかけがえのない「旅の始まり」になるような気がした。

初めての海外旅行は、期待を裏切るものなど一つもなかった。

サンフランシスコに2日間滞在した僕らは、小型飛行機でロサンゼルスへと向かった。

ダウンタウンの近代的なホテルに泊まり、そして新婚旅行のメインでもあるアナハイムのディズニーランドへ行った。

遊園地というものに対して、特に興味を持ったことはなかったが、どうせ行くなら本場のテーマパークにしよう！という安易な計画のもと、僕と妻はディズニーランドへ足を運んだのだ。

すると、そこは現実とは思えない、まさにイマジネーションの世界だった。

建物は、見たことのない建築物ばかりで、夢の中そのものと言える。

思わず、自分の頬をつねりたくなるほどだ。

花壇の花々も、色鮮やかな芝生も、生き生きと美しくすべてが眩《まばゆ》い。

何より、周囲の人々が笑顔にあふれている。

また、日本の夏祭りのような人間くさい賑わいもあり、不思議な印象を受けた。

(こんなにも楽しく、感動をもたらしてくれる場所が存在していたなんて……)

まやかしではない夢の国に圧倒され、全身に鳥肌が立った。

さらに、こんなこともあった。

トムソーヤ島へ渡った時のこと。冷めやまぬ興奮を鎮《しず》めようと、僕は煙草に火をつ

けた。歩き疲れた妻も、ベンチに腰かけ一息ついている。

一服し終わり、煙草を捨てる場所を探していると、道の向こうから初老の清掃員が歩いて来たのだ。

僕が、「この煙草、どこに捨てればいいですか？」と聞くと、その人は地面を指さした。

いいのだろうか……と躊躇《ちゅうちょ》しつつ、僕は煙草を地面に落とした。

とはいえ、本当に落としてよかったのだろうか。この清掃員は、冗談で床を指さしたのではないだろうか。

そんな不安を感じていた次の瞬間、彼は僕が落としたまだ火が消えてない煙草を、ジャイアント馬場が履くような馬鹿でかい靴で踏み消すと、サッとほうきで掃いてチリトリへ入れた。そして、手首の先でほうきをクルッと回し、満面の笑顔を見せた。

僕は、思わず「すごい……何もなかったみたいだ」と呟いた。すると彼は、こう言った。

「僕は、魔法が使えるんだ。なんてったって、ここは夢の国だからね」

そして彼は、陽気な足取りで先へ進んだ。

その仕草と表情に、まるで舞台の上の役者というか、人を幸せにするオーラのようなものを感じた。

もしかしたら、ここは本当に夢の国なのかもしれない。不快に感じることなど一つもない、夢の国そのものなのだ。

僕は、ウォルト・ディズニーのマジックにかかった。

そして、ウォルトの魔法は、日本に帰国してからも解けることはなかった。

＊

１９７８年、７月

それから2年の月日が流れ、元通り時間に追われる日々を過ごしていた。

新婚旅行で行ったディズニーランドは、本当に夢の世界だったのではないだろうか……。そう思うこともあった。

そんなある日、あの時の感情が再び蘇《よみがえ》った。

それは、いつも読んでいる新聞をめくっている時のこと。

『ディズニーランドが日本上陸へ』

そう書かれてある小さな記事を見つけたのだ。

そして、そこには『キャスト募集』とも書かれてある。

僕は、高鳴る鼓動を感じずにはいられなかった。

――あの世界で働きたい――

この2年、もしかしたら心のどこかでそう思っていたのかもしれない。「あの世界

ディズニーランドが日本上陸

で働きたい」と、無意識に願っていたのかもしれない。

それに気づくきっかけがなかっただけで、いや、現実なんてこんなものだと、どこかで自分を抑えていたのかもしれない。

その時、ふと飛行機の中で出会ったご夫婦のことを思い出した。

『きみの夢はなんだい？』

あの時の僕は、夢を追うことや叶えることを、ひとごとだと思っていた。

しかし、今の僕はハッキリ言える。

「僕の夢は、ディズニーランドで働くことです。人々に、夢や希望を与えることが僕の夢です」……と。


――4年半後――

1983年、1月
東京ディズニーランド開園まで、あと3カ月という頃、僕は淡い紺色のコスチュームを着て、ある仮設事務所の中にいた。

ディズニーランド開園の広告を見た翌月、僕は妻にも相談せず、勤めていた会社に辞表を出したのだ。

突飛な行動だとは自覚していたが、そうせずにはいられなかった。

なぜなら、安定という名のもう一人の自分に、後ろ髪を引かれる気がしたから。一歩進んでしまえば、あとは前進するしかない。そう思ったからだ。

しかし、簡単に夢を叶えることはできず、その道は長く険しいものだった。

4回もの入社試験に落ち、食い繋ぐためのアルバイトをしながら家族を養い、夢を追う生活は続いた。

第1回〜3回の応募では、書類審査の段階で箸にも棒にも掛からなかった。

そこで、日本が駄目ならアメリカがある！と、細々と貯めた30万円を片手に、カリフォルニアのディズニーランドへ直談判しに行ったこともあった。

無論、コネもなければアポもなく、虚しさを胸に帰国した。

夢を持っても、はかない夢と割り切って、あきらめてしまおうか……。何度もそう思った。しかし、飛行機の中で出会ったご婦人の『夢はね、あきらめなければ叶うのよ』という言葉を支えに、僕は夢を追い続けた。

そして、5回目の入社試験でようやく面接までこぎつけ、僕は全身全霊でディズニーに対する思いを伝えた。

すると3日後、ディズニーランドから僕宛てに1通の封書が届いた。

まさしく、合否の知らせであろうその封書を開け、目をつむったまま中の紙を取り出した。神様！と願いつつ、目を開くと……それは夢にまで見た内定通知だった。

世界がバラ色に見えるとは、こういうことだと実感した。それと同時に、支え続けてくれた家族と、喜びを共有した。

まさに、あきらめなかったからこそ、僕はこの感動を手に入れることができたのだ。

しかし、その喜びとはうらはらに、配属先の欄に目をやった瞬間、目の前が真っ暗になった。

僕の配属先は、よりにもよって『夜間の清掃部門』だったのだ。

にぎやかな夢の国とは、最も無縁な真夜中のそうじである。

僕は、落ち込まずにはいられなかった。

いったい、家族に何て言えばいいんだ……。そうじだなんて、家族はおろか友達にも恥ずかしくて言えない。

ましてや、勤めていた会社に辞表を出す時、元同僚は「夢を追うために退社するなんてバカバカしい。絶対に後悔するぞ」と、言っていた。

そんな彼らは、きっと笑うに違いない。

体中の力が抜け、この4年間の苦労を振り返りもした。

しかし、開園はもう3カ月後に迫っている。

ここで迷っていたって仕方ない。一生清掃部門というわけじゃないだろうし、とにかく今の僕は与えられたことをやるしかないんだ。

そして4年の月日を経て夢を叶えた僕は、今日、これから始まる実地研修を受けるため、コスチュームを身にまとった。

パークはまだ建設中のため、仮設事務所にて実地訓練が行われるという。

仮設事務所に入ると、10代から30代まで幅広い年齢層のキャストが揃っていた。

アメリカのディズニーランドから来ている、そうじの指導者を待っているところだという。


（そうじなんか、わざわざ指導を受けなくたってできるのに……）


僕は、心の中でそう思った。

しかし、僕らに指導してくれる人は、そうじにこだわるウォルト・ディズニーの理想を、見事に叶えた偉大な人らしい。

アメリカのディズニーは、当初、外部の清掃会社に委託していたものの、ウォルトの理想を実現することはできなかったという。ウォルトの理想とは、常にパークが綺麗でなければならず、「何回そうじしたか」ではなく、常に一定の基準を維持していなければならないのだ。そのようなそうじは、一般的な清掃会社では叶えることができず、とうとうそうじを直営に切り替えたとか。

そして、妥協が嫌いで完璧主義のウォルトは、真のプロフェッショナルを必要とした。

そんなウォルトのお眼鏡にかなったのが、僕らの指導のために来日したチャック・ボヤージンという人物だという。

チャック氏は、見事にウォルトの理想を叶えたカストーディアル（清掃員）で、次第に『そうじの神様』と呼ばれるほどになったそうな。まさに、完璧な仕事をこなす人らしい。

しばらく待っていると、仮設事務所の扉が開き、初老のアメリカ人男性が入って来た。

周囲は、彼の厳しい瞳に一瞬緊迫した。

すると、チャック氏は床を見渡すなり、こう言った。

「この床に落ちたポップコーンを、君たちは食べられるかい？」

皆、意味がわからなかったようで黙っている。すると、チャック氏は力強くこう言った。

「いいかい？　君たちには、子供がポップコーンを落としても、躊躇《ちゅうちょ》なく拾って食べられるくらい、床を綺麗にしてほしいんだ」

僕は、不安を感じた。そんな完璧な仕事をすることなど、できるだろうか。ましてや、落ちたポップコーンを食べるだなんて、今まで考えたこともなかった。落ちたなら捨てればいい。それだけじゃないか。

おそらく、周囲のみんなも同じ気持ちを抱いただろう。

研修が始まって数日が過ぎる頃、さまざまな年齢や性格の人が集結しているこのチームは、正直なかなかまとまらなかった。

しかも、チャック氏はほうきの使い方からチリトリの持ち方まで、一つも妥協がな

い。

アメリカのディズニーランドで感じた、この世のものとは思えない夢の世界を作るには、ここまでしなければならないのか？

本当に、僕らの手で作ることはできるのだろうか。不安は募るばかりだった。

その上、仮設事務所のトイレそうじにまで、チャック氏はこだわりを持っていた。

仮設事務所のトイレは非常に汚く、息を吸い込みたくないほど、鼻を突く臭いが漂っていた。そのため、「これぱっかりは他の業者に依頼すべきだ」と言う者もいた。

特に、高学歴を持つ社員は、屈辱すら感じていたようだ。

「別に、一生ここで働くつもりもないし、俺たちがここまでやる必要はないと思う」

「トイレそうじなんか覚えたって、何の役にも立たないじゃないか」

そんな声が、あちらこちらから聞こえてきた。

確かに、チャック氏の指導はレベルが高く、僕らの考えていた「そうじ」という概念を遥《はる》かに超えていた。

しかし、皆の声に賛同できない自分もいる。

なぜなら、チャック氏の教えは、綺麗にするためだけの「そうじ」というより、そうじを通して「何か大切なこと」を教えてくれているように感じられるからだ。

その「何か」が何なのかは、まだわからない。けれど、それがわかったら、カリフォルニアのディズニーで感じた、あの感動的な夢の国を、僕らの力で作り上げることができるのかもしれない。

モヤッとだが、そんな風に感じつつあった。

するとある日、チャック氏はカストーディアル全員を、仮設事務所に集合させた。

「今からトイレをそうじするので、よく見ておくように」

そして、チャック氏はゴム手袋をはめるなり、この世のものとは思えないほど汚れたトイレを、躊躇なくそうじし始めたのだ。

その姿は、迫力に満ちていた。

細かいところはスポンジを使いながら磨き、特に汚れているトイレの管と床の結合部分は、ありとあらゆるそうじ道具を使い、磨き上げていった。

決して手を止めず、ひたすらトイレを磨いているチャック氏の姿を、僕らは茫然と見ていた。

言葉は交わされなくとも、そうじに対する魂のようなものを感じた。そうじに対してというより、仕事に対してといった感じだろうか。

輝きを取り戻した床のタイルと共に、僕の胸に熱い思いがこみ上げてきた。

もしかすると、与えられた仕事に対して、限界などないのかもしれない。

ここまでやればいいだろう、これだけやったのだから十分だろう……と、決めてしまった時点で、ウォルトが求める「完璧」は成立しないのだ。

おそらく、チャック氏はトイレそうじを通じて、僕らが抱えている「そうじに対する偏見」を、払拭してくれたのだろう。

僕らは、誰が声を掛けたわけでもなく、手を動かし始めた。

そしてこの日が、浦安のディズニーランド、「カストーディアル」誕生の瞬間となった。

――開園1カ月前――

あれから、僕らはチャックさんを心から慕い、研修に励んだ。

そして、彼が『そうじの神様』と呼ばれる理由を、数え切れないほど実感した。

一度決めたゴミ箱の位置を、チャックさんは何度も変える。それは、チャックさん自身が納得がいかないからではなく、ゲストがゴミ箱を探さなくてもいいように、ベストな位置を探しているためなのだ。

仕事とは、楽をするほうが得とか、担当以外のことをしたら損とか、自分の都合のためにやるものではないということを、つくづく教えられた。

「いかに楽をするか」ではなく、「いかにベストな環境を作るか」ということを各々が目標にすることで、キャスト同士がお互いを支え合い、チームに結束力も湧いた。

そうじに対して、屈辱を感じていた社員たちも、今では世界一の清掃の魂に触れ、自らトイレそうじをするなど、人間性まで変わりつつあったのだ。

そんなある日、チャックさんが僕らに、ある質問を投げかけてきた。

「君たち。ゲストが床にゴミを捨てないためには、どうしたらいいと思うかい?」

すると、20代後半の男性社員がこう答えた。

「チャックさん、ゲストが床にゴミを捨てないということは、僕らの出る幕がなくなるということじゃないですか?」

すると、チャックさんは僕らの想像を超える解答を口にした。

「ゲストが床にゴミを捨てないためには、そうじをすればいいんだよ」

「捨てないためにそうじする……って、どういう意味ですか?」

「ゲストがゴミを床に捨てるのは、捨ててもいいという環境を、キャストである僕たちが、作っているからなんだ」

一瞬、チャックさんの言っている意味がわからず、僕らは呆気にとられた。

しかし、チャックさんの真意を聞き、モヤッとしていた空気は、霧が消えるかのように鮮明となった。

「そうじは、汚れているからするのではなく、汚さないためにするんだ。汚せないくらい綺麗にすれば、捨てることに躊躇するんだよ。そうなれば、ゴミを捨てる人はいなくなる。劇場の舞台に、ゴミを捨てる観客はいないだろう？　それと同じで、ここも舞台なんだ。僕らは、舞台を作るためのエンターティナーなんだよ」

チャックさんの答えは、僕らがこれまで抱いていた「そうじ」という概念を、くつがえす内容だった。

そして、その言葉は皆の心に浸透したのだろう。質問を投げかけるキャストは、一人もおらず、各々が黙ってうなずいていた。

数カ月間に及ぶチャックさんの研修も、いよいよ終わりに近づいてきた頃だった。

その日、チャックさんと共にパークを巡回することとなった僕は、カストーディアルとして成長した姿を見てもらいたいと思った。

そしてトゥモローランド付近の花壇の前を、通り過ぎようとした時のこと。チャックさんは、何かを見つけたかのように足を止めた。

「チャックさん、どうしたんですか?」

すると、チャックさんは床を指さした。

チャックさんが指さした所を見ると、直径2センチほどの土のかたまりが落ちている。

おそらく、花壇に土を運んでいた植栽部門のキャストが、落としてしまったのだろう。

「すみません、きっと他のキャストが見落としたんだと思います。気をつけるようデイカストーディアルの申し送りノートに書いておきます」

すると、チャックさんは僕にこう言った。


「カネダさん、きみは天才かい？」

「え？」

「申し送りのノートに、何て書くんだい？」

「ですから、ここに土が落ちていたことを……」

「だから、ここに土が落ちていたことを、どうやって書くんだい？」

僕は、ハッとさせられた。

この広いパークの中で、ほんのわずか落ちていた土の位置を知らせるには、たとえ地図があったとしても不可能に近いことだった。

それより、チャックさんは僕の本心を見抜いていたんだ。

無意識とはいえ、そんな細かな土のかたまりなんて、問題にすることはないと思っていたのだ。

そんないい加減な心を、一瞬で見破られた。

「カネダさん」

「はい」

「もうわかっているとは思うが、僕たちの仕事は床を綺麗にするだけじゃない。ゲストに夢を与え、幸せを提供することが仕事なんだ」

「夢を与え、幸せを提供する……？」

「ああ、そうだ。そのためには、第一にそうじが大切なんだよ。そうじは、人を笑顔にする原点だからね。そして何より大事なのは、チームで仕事をすることなんだよ。さぁ、ゲストはもうすぐ入園してくる。すぐにこの土を処理しないとね」

そうだ。僕らは、ディズニーランドという名の舞台を作るエンターテイナーなんだ。

ゲストにとって、誰が土を落としたかなんて関係ない。そんなことは、とうにわかっているつもりだった。

なのに、「申し送りに書いておきます」なんて言ってしまった自分が、本当に恥ずかしいと思った。

すると、チャックさんは僕の目を見てこう言った。

「カネダさん、僕はね、子供が床にポップコーンを落としても、拾って食べられるくらい綺麗にしてほしいんだ」

それは、チャックさんが仮設事務所に初めて入ってきた時にも、語った言葉だ。あの時は意味がよく分からず、落としたなら捨てればいい……それくらいに思っていた。

でも、今は違う。

ポップコーンを落としても、ゲストをガッカリさせないためにはどうしたらいいか。

答えは簡単だ。徹底的に床を綺麗にすること。そして、もしゴミや汚れを発見したら、発見した者が、すぐに処理をすればいい。清掃に関わらないキャストも含め、1万人のキャスト全員が、1つのチームとなることで、夢の国は成立する。

「そうじするのは誰か」ということよりも、一人一人が「綺麗にする」という意識を持つことで、小さな思いやりは大きな感動に繋がる。

「すべてはゲストのために」

そうだ、今の僕らなら、アメリカのディズニーランドで感じたあの『感動』を作れるのかもしれない。笑顔でいっぱいの、あの世界を……。

チャックさんが妥協を許さず、厳しく指導するのは、ゲストを思いやるからこその表れだったんだ。

最後の最後で、僕はチャックさんからそうじの〝肝〟を教えてもらった。この教訓は、きっと生涯忘れることはないだろう。


そして、チャックさんはとうとうアメリカへと帰っていった。

僕らは、そうじの技術を教えてもらうだけでなく、仕事やサービスの基本、そして、その原点となる真の思いやりも、チャックさんに伝授してもらった。

まさに、この研修は僕自身にとって心の宝となったのだ。

アメリカ行きの飛行機に乗る前、チャックさんはまたいつもの言葉を言っていた。

「子供がポップコーンを落としても、拾って食べられるくらい綺麗にするんだよ」

口癖のようにそう語りかけるチャックさんの瞳は、キラキラと輝き、そして優しい眼差《まなざ》しをしていた。

――21年後――

2004年、8月

ディズニーランドを退社して7年が経とうとしていた時、僕はチャックさんの死を知らされた。

ナイトカストーディアルから始まり、デイカストーディアル、そして全スタッフを育成する教育部門を経て、今、僕は独立して自分の会社を経営している。そのことを一番に報告したかったのは他の誰でもない、僕の生涯の恩師、チャックさんである。

彼がアメリカに帰った後も、ずっと家族のように付き合ってきた。家へ遊びに行けば、「my son（私の息子よ）」と呼ばれ、食べきれないほどのオレンジを庭からもぎ取ってくれたり、心の底から可愛がってくれた。

享年、86歳――

チャックさんは、最後の最後まで現役を貫いた。

そして、その栄光ある実績は、アメリカのディズニーランドで形となって残された。

彼が日々磨き続けたガラス窓に、彼の言葉が刻まれたのだ。

『We keep your castle shining（私は、あなた方〈ゲスト〉のキャッスルを磨き続けるよ）』

彼は、カストーディアルという名のエンターテイナーとして、たくさんの人に夢を与えてきた。

人に幸せを提供するというその夢は、姿なき今も追い続けていることだろう。

夢を抱く想いに、フィナーレはないのだ。

僕は、ディズニーランドという名の夢に向かって、歩み続けてきた。

We keep your castle Shining
CHUCK BOYAJIAN PROP

初めて乗った飛行機の中で、あのご夫婦に出会っていなければ、夢についてちゃんと考えることもなかったかもしれない。

4回目の入社試験に落ちた時、もうダメだ……とあきらめていたら、チャックさんと出会うこともなかったかもしれない。

一つ一つの出逢いは、すべてかけがえのない宝となった。

これからは、チャックさんに教えてもらったことを、若い人たちに伝えていこう。

どのような形にせよ、チャックさんの理念を絶えることなく伝え続けていくことが、僕の新たな夢なのである。


僕は、チャックさんに会いにアメリカへ行くことにした。

彼の夢を受け継ぐため、そして心から「ありがとう」と伝えるために。

最後の言葉が刻まれているガラスの前に行けば、再び会える気がしたから。

そして1週間の休暇をもらい、ずっと支え続けてきてくれた家族と共に、僕は飛行機に乗った。

「なんだか、新婚旅行を思い出すわね」と微笑む妻は、28年前と変わらぬ表情を浮かべていた。

すると隣の席に、当時の自分たちのような若い夫婦が座ってきた。

僕は、思わず声をかけた。

「新婚旅行ですか?」

若いご夫婦は、声を合わせるかのように「はい」と答えた。話を聞くと、ご主人は作曲家を目指していると言う。そして新婚旅行を機に、尊敬する音楽家に会いに行くのだとか。僕は、今まで自分を支え続けてきたこの言葉を、言わずにはいられなかった。

「夢は、あきらめなければ叶うんだよ」

僕は、これからも夢を追い続ける。
チャックさんの分まで――。
夢の、その先まで――。

おわりに

感動の源泉、それはイノセンス

「あなたができるすべてをしてあげなさい。そして、できる限りきれいにしなさい」

「子どものために映画をつくったのではない、誰の心にもある子どもの心のためにつくったのだ」

――ウォルト・ディズニー
（『Walt Disney Famous Quotes』より訳出）

私が、青春の夢のすべてをかけたディズニーランド。そこで過ごした時間は、ディズニーの創始者ウォルト・ディズニーの夢と願いを私なりに感じて、形にしていくためにありました。

それは、まさしく「夢のような」日々。15年間勤めた東京ディズニーランドを卒業し、新たな道を歩いている今でも、その世界に呼ばれるように夢に見ることがあります。それほど濃密で、素晴らしい世界と時間だったのだと思わざるを得ません。そして、そこには、この本の「お話」に登場したような、たくさんの人間ドラマがありました。

よく、ディズニーの世界が素晴らしいという話を見聞きします。「ディズニー本」と呼ばれる本の中には、そうしたディズニーのノウハウについて書かれたものもあります。けれども、私は思うのです。ディズニーの世界がこれほどまでに人を惹きつけてやまないのは、主役であるキャラクターたちだけでなく、無名のキャストを含めたディズニーに関わる「人間が素晴らしい」からこそなのだと。

そう、誰もがここでは、純粋に人を笑顔にするために、人を楽しませるために、見えない場所でも「自分にしかできないこと」を一生懸命やっているのです。自分に直接的な賛辞がなくとも、ゲストの喜ぶ顔、感動する顔が見られることが至福なのです。ウォルトは、かつてこう言いました。

「感動の源泉、それはイノセンス＝純粋無垢にあるのだ」と。


この「イノセンス」こそが、ウォルトが宝物のようにしていたもの。そして、誰の心の中にもあるイノセンスさ、つまり子どもの心を呼び覚まし、交歓《こうかん》する場所としてディズニーランドを作ったのです。

ゲストを楽しませるために、という純粋な心でほうきを持てば、それは魔法の杖にだってすることができます。この本の「お話」の中にも出てきましたが、ディズニーではそうじでゲストを笑顔にする〝魔法〟を使うことができます。もちろん、物語の舞台である東京ディズニーランドでも、最初から誰もが、そのような魔法使いだったわけではありません。

オープン当時、パークの清掃を担当するカストーディアルは、まさに「裏方」というイメージでした。今から30年近くも昔のことです。それが、今では多彩なパフォーマンスでゲストを楽しませつつ、パークの清掃や案内をするディズニーのキャストの中でも一番の人気職種になっているのです。

その変化をもたらしたものこそが、ディズニーの素晴らしさの本質のひとつであり、この本の中でみなさんに感じ取っていただきたかったことなのです。イノセンスな心があれば、人は誰でも誰かを感動させる仕事ができる。そうじの世界でも、どんな仕事の世界でも……。

この本は、そのためのプロローグ。みなさんと私たち一人ひとりの本番はこれからです。ディズニーランドの10周年でウォルトは、こう高らかに言い放ちました。

「これまではリハーサルのようなものだ。本番はこれからだ！」

鎌田 洋（かまた ひろし）

1950年、宮城県生まれ。商社、ハウスメーカー勤務を経て、1982年、(株)オリエンタルランド入社。東京ディズニーランドオープンに伴い、初代ナイトカストーディアル（夜間の清掃部門）・トレーナー兼エリアスーパーバイザーとして、ナイトカストーディアル・キャストを育成する。その間、ウォルト・ディズニーがこよなく信頼を寄せていた、アメリカのディズニーランドの初代カストーディアル・マネージャー、チャック・ボヤージン氏から2年間にわたり直接指導を受ける。その後、デイカストーディアルとして顧客との関わりを学んだ後、1990年、ディズニー・ユニバーシティ（教育部門）にて、教育部長代理としてオリエンタルランド全スタッフを指導、育成する。1997年、(株)フランクリン・コヴィー・ジャパン代表取締役副社長を経て、1999年、(株)ヴィジョナリー・ジャパンを設立、代表取締役に就任。

ディズニー そうじの神様《かみさま》が教《おし》えてくれたこと

2011年10月28日　初版第1刷発行
2013年11月22日　初版第19刷発行

著者　鎌田 洋
発行者　小川 淳
発行所　ＳＢクリエイティブ株式会社
〒106-0032　東京都港区六本木2-4-5
電話 03(5549)1201（営業部）

装幀　長坂勇司
イラスト　あさのけいこ
取材・構成　瀧森古都（オフィスコトノハ）
編集協力　ふみぐら社
編集担当　吉尾太一
組版　朝日メディアインターナショナル株式会社
印刷・製本　中央精版印刷株式会社

ISBN978-4-7973-6193-3